# SCHNELLE PATCHWORK-QUILTS

Rosemary Wilkinson

# SCHNELLE PATCHWORK-QUILTS

Ravensburger Buchverlag

Die Deutsche Bibliothek – CIP-Einheitsaufnahme
**Schnelle Patchwork-Quilts** / Rosemary Wilkinson. -
Ravensburg : Ravensburger Buchverl., 1996
ISBN 3-473-42446-3



Konzept und Realisation: Rosemary Wilkinson
Quilt Designs: Pauline Adams, Colin Brandi,
Jenni Dobson,Gill Turley, Anne Walker
Fotografie: Marie-Louise Avery
Zeichnungen: Carol Hill



Titel der Originalausgabe:
Quick Quilts to Make in a Weekend


Übersetzung, Redaktion, Herstellung:
Thema Produktmarketing und Werbung GmbH, München
Umschlagentwurf: Dirk Lieb
Umschlagkonzept: Kraxenberger Kommunikation
Lithograhie: Hirt and Carter (Pty) Ltd.
Gesamtherstellung: Times Offset (Malaysia) Sdn. Bhd.

99 98 97 96 1 2 3 4

ISBN 3-473-42446-3

# *Inhalt*

# Schnelles Quilten

## ENTWICKLUNG DER TECHNIKEN

Die Kunst des Quiltens hat in Amerika und England eine lange Tradition, und auch bei uns gibt es schon eine eingeschworene Gemeinde, die diese reizvolle Stepptechnik pflegt. „Erfunden" wurde das Quilten wie so viele kunstvolle Handarbeitsformen im Vorderen Orient. Mit den Kreuzfahrern gelangte es dann zu uns. Im vorigen Jahrhundert stand es schließlich in England in so hohem Ansehen, daß die Damen der Gesellschaft wahre Kunstwerke vollbrachten, um ihre gestalterischen Fähigkeiten unter Beweis zu stellen. Besonders beliebt waren das aufwendige Crazy Patchwork aus erlesenen Stoffresten, verziert mit Stickstichen und Perlen, und klare, geometrische Muster, bei denen Stoffteile („patches") auf entsprechend zugeschnittene Papierschablonen geheftet und dann mit Überwendlingsstichen zusammengenäht wurden.
In Amerika entwickelten die Siedlerfrauen eine Technik, die geradezu eine speziell amerikanische Kunstform wurde: das Block-Patchwork. Dabei bildeten sie zunächst kleinere Blöcke und fügten diese dann zur Quiltoberseite zusammen.
Viele Patchworkmuster lassen sich in kleinere, aus Streifen, Quadraten und Dreiecken zusammengesetzte Einheiten zerlegen. Jahrzehntelang wurden diese Formen mit Hilfe von Schablonen zugeschnitten und entweder von Hand oder mit der Maschine zusammengenäht („gepatcht"). Solche Schablonen waren bei komplizierteren Mustern ein unentbehrliches Werkzeug und sind es auch heute noch.
Seit der Entwicklung des Rollschneiders jedoch geht die Arbeit bedeutend schneller von der Hand. Er ermöglicht rasches, akkurates Zuschneiden auch mehrerer Stofflagen gleichzeitig, so daß sich das eine oder andere schöne Stück sogar an einem Wochenende herstellen läßt. Alle Quilts in diesem Buch sind solche „Schnellprojekte": Mit dem Rollschneider wird zugeschnitten und mit der Maschine zusammengenäht. Dies bietet Ihnen die Möglichkeit, in relativ kurzer Zeit traumhafte Ergebnisse zu erzielen.

## QUILTMASSE

Quilts werden häufig quadratisch gearbeitet mit einer Seitenlänge zwischen 54" (135 cm) und 60" (150 cm). Diese Maße sind genau richtig, wenn der Nachwuchs mit einer Decke warm eingepackt werden soll, aber auch für eine Spielunterlage oder einen Bettüberwurf und bei Erwachsenen für die mollige und dekorative Kniedecke. Eine Steppdecke fürs Wohn- oder Schlafzimmer wird einfach entsprechend größer geplant. Auch hierzu finden Sie in diesem Buch attraktive Projekte.

## STOFFE

### Stoffwahl

Welche Stoffe Sie für den Quilt zusammenstellen, entscheiden Sie ganz nach Ihren persönlichen Vorstellungen. Auch die Projekte in diesem Buch sind vom individuellen Stil ihrer Hersteller geprägt. Als besondere Anregung finden Sie in jedem der fünf Kapitel verschiedene Farbvorschläge zu einem der beschriebenen Quilts. Einige dieser Arbeiten wirken wie lustig bunte Zufallstreffer, andere verraten eine genau geplante Farb- und Musterzusammenstellung.
Jeder Quilt hat den Reiz des Einmaligen und läßt sich niemals exakt kopieren. Entscheidend für die Wirkung Ihres Werkstücks sind die eingesetzten Farbwerte, bei bedruckten Stoffen spielt außerdem die Größe des Musters eine wichtige Rolle. Am besten

*Arbeitsmaterial für die schnelle Quilterin: ein Quiltlineal und ein gewöhnliches Lineal, zwei quadratische Lineale (bias square), ein dreieckiges Lineal (set square), ein Rollschneider und eine Schneideunterlage, ein roter Farbwertbestimmer, diverse Markierstifte, Quiltgarn und eine Auswahl von „fat quarters".*

RUBY BEHOLDER™
EUROPEAN · JAPAN · OLFA PATENTED · U.S.A.
OLFA
ROTARY CUTTER

arbeitet man mit den Farbwerten Hell, Mittel und Dunkel. Zu beachten ist dabei, daß sie sich unter dem Einfluß angrenzender Stoffe verändern. Der gleiche Stoff wirkt daher mal hell, mal hat er einen mittleren Farbwert.
Es gibt einfache Methoden, einen Farbwert zu bestimmen. Sie können die Stoffe zum Beispiel durch einen sogenannten Farbwertbestimmer betrachten, eine rote Folie, die die Farbe „schluckt", aber Helligkeit und Dunkelheit erkennen läßt, oder die Stoffe einfach fotokopieren und die unterschiedlichen Grautöne vergleichen. Möglich ist auch, die nebeneinanderliegenden Stoffe mit dem Blick zu fixieren und ab und zu zu blinzeln. Dabei „verschwinden" die dunklen Farben zuerst.
Ebenso wichtig wie der Farbwert ist auch die Größe des Musters. Es empfiehlt sich, verschiedene Größen zu wählen, denn kleingemusterte Stoffe wirken von weitem betrachtet einfarbig. Ihr Quilt sollte aber auch aus einiger Entfernung noch ein interessanter Blickfang sein! Geometrische Muster bringen Bewegung ins Bild, da sie das Auge wandern lassen. Mit nur in einer Farbe bedruckten oder in sich strukturierten Stoffen wirkt der fertige Quilt optisch weicher als mit Unistoffen.
Zeichnen Sie zunächst einen farbigen Musterplan, und entscheiden Sie sich dann endgültig. Bedenken Sie aber, daß Bunt- oder Filzstifte niemals dieselbe Farbwirkung haben wie die Stoffe selbst. Sollten Sie in bezug auf die Stoffwahl noch unsicher sein, kaufen Sie am besten nur schmale Streifen und arbeiten zur Einstimmung einen „Mini-Quilt". Übrigens sind Quilt-Fans meist begeisterte Sammler von Stoffen und verfügen oft über einen beachtlichen Vorrat. Wenn auch Sie eine solche Schatztruhe besitzen, findet sich dort sicher geeignetes Material für eines der hier vorgestellten Projekte. Zum Kauf von zusätzlichen Stoffen nehmen Sie Ihr Material am besten mit, um die günstigsten Farbkombinationen zusammenzustellen.
Alle Stoffangaben in diesem Buch sind großzügig bemessen, so daß auch einmal Korrekturen möglich sind. Bei den meisten Rollschneiderprojekten werden als erstes Streifen quer von der Stoffbahn geschnitten. Seien Sie vorsichtig, wenn nach „quarters" verlangt wird: Die meisten Patchworkläden verkaufen „quarters" entweder „fat" oder „long". Für ein „long quarter" werden 9" (23 cm) quer vom Ballen abgeschnitten. Ein „fat quarter" ist ein 18" (45 cm) großes Stück vom Ballen, das in der Mittelfalte geteilt wird und so ein Rechteck von 18" x 22" (45 x 55 cm) ergibt. Kaufen Sie „fat quarters" nur dann, wenn es die Arbeitsanleitung ausdrücklich verlangt.

## VORBEREITUNG

Waschen Sie jeden Stoff gesondert, bevor Sie Ihr Projekt beginnen, um möglichen Farbüberschuß zu entfernen. Sie brauchen kein Waschmittel zu nehmen, das Wasser muß aber heiß sein. Spülen Sie den Stoff gründlich aus. Wenn Sie die Stoffe in der Maschine waschen, legen Sie einfach ein weißes Tuch dazu. Es zeigt Ihnen an, ob der Stoff ausfärbt. Stoff, der auch nach mehreren Waschvorgängen noch ausgeht, sollten Sie besser nicht für Ihren Quilt verwenden. Auch der Zusatz von Salz oder Essig festigt die Farbe nicht auf Dauer. Wenn Sie den fertigen Quilt später waschen, wird sie erneut auslaufen und Ihr schönes Werk ruinieren.
Den noch nicht ganz trockenen Stoff legen Sie dann Webkante auf Webkante zur Hälfte und bügeln ihn, solange er noch leicht feucht ist, glatt. Dabei den Bruch nicht bügeln.

## SCHNELLSCHNEIDETECHNIKEN

### Arbeitsmittel

Zum Nacharbeiten der Quilts in diesem Buch brauchen Sie folgende Grundausrüstung:
**Rollschneider:** Der Handel bietet kleine, mittlere und große Rollschneider an. Der kleine eignet sich gut zum Zurückschneiden und zum Schneiden von Rundungen. Der mittlere ist sehr leistungsstark und empfiehlt sich als Standardwerkzeug. Mit dem großen können Sie viele Stofflagen gleichzeitig schneiden. Anfänger sollten allerdings nicht gleich damit arbeiten. Rollschneider werden mit einem Klingenschutz geliefert, den Sie nach Gebrauch stets wieder aufschieben sollten, um Verletzungen zu vermeiden. Besorgen Sie sich auf alle Fälle Ersatzschneideklingen, denn stumpfe Klingen beschädigen nicht nur die Schneideunterlage, sondern erschweren auch die Arbeit.
**Hartgummi-Schneidematte:** Benutzen Sie beim Schneiden immer eine solche Spezialunterlage. Die Matten sind in verschiedenen Größen erhältlich. Achten Sie darauf, daß Sie den Stoff einmal zur Hälfte gefaltet auflegen können. Die Oberseite der Matte zeigt Rasterlinien, doch sind die Maßangaben nicht immer exakt. Die Matte läßt sich auch auf der Rückseite benutzen.

**Schneidelineal:** Verwenden Sie beim Zuschneiden ein spezielles Quilterlineal aus Acryl (Metall würde die Schneidklingen beschädigen) mit nicht abgeschrägten Kanten. Die Markierungslinien sollten gut lesbar auf der Unterseite und nicht auf der Oberseite aufgebracht sein, um ungenaues Messen zu vermeiden. Winkel sollten zu beiden Seiten zeigen. Sehr praktisch ist eine Linealgröße von 6" x 24" (15 x 60 cm).
Ein **quadratisches Lineal** (bias square) hilft Ihnen, die aus zwei Dreiecken zusammengesetzten Einheiten zu begradigen.
Ein **dreieckiges Lineal** (set square) hilft Ihnen beim Begradigen des Stoffs, ein zweites Schneidelineal kann jedoch denselben Zweck erfüllen.

Auf den Linealen und der Schneidematte stehen sowohl die Inch- als auch die Zentimeterangaben.

## MASSANGABEN

Alle Maßangaben in diesem Buch sind in Inches und Yards sowie in Zentimetern und Metern angegeben. Die Originalquilts wurden nach Inch-Maßen hergestellt (1"= 2,5 cm), die Yard-Angaben (1 yard = 91cm) zum Stoffkauf auf 1 m aufgerundet. Sie sollten sich in jedem Fall für ein System entscheiden, je nachdem, ob Sie lieber nach Inch- oder nach Zentimeter-Angaben arbeiten möchten.
Die Nahtzugabe beträgt bei allen Projekten, wenn nicht ausdrücklich anders vermerkt, 1/4" (6 mm).
Alle Zuschnittangaben in diesem Buch schließen bereits die Nahtzugabe ein, sie muß also nicht mehr hinzugerechnet werden. Wenn Sie jedoch bei einem der Quilts die Größe abändern oder einen eigenen Entwurf verwirklichen möchten, sind beim Zuschneiden der Stoffe folgende Zugaben zu berücksichtigen:

**Zugaben:**
Nahtzugabe: 1/4" (6 mm)

Streifen/Quadrate/Rechtecke:
Endmaß + 1/2" (1,3 cm)

Dreiecke in Form halbierter Quadrate:
Endmaß des Quadrats + 7/8" (2,2 cm)

Dreiecke in Form geviertelter Quadrate:
Endmaß des Quadrats + 1 1/4" (3,2 cm)

Die Abbildungen unten verdeutlichen, wie sich die Stoffzugabe für die beiden Dreieckarten errechnet (Abb. 1).

1

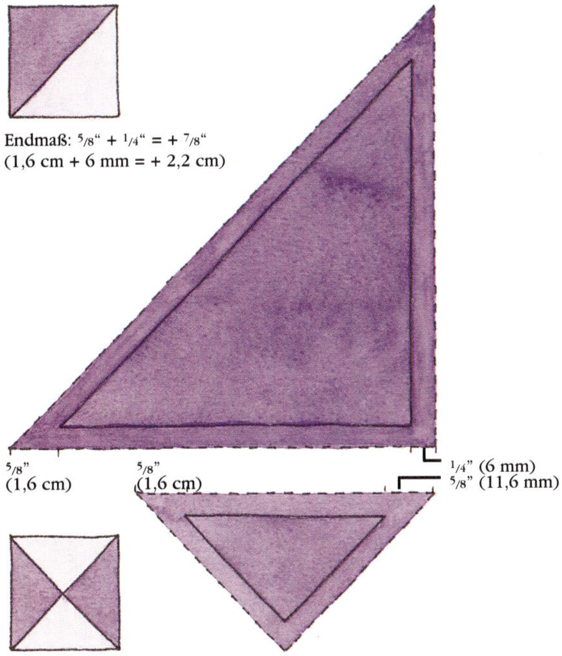


Endmaß: 5/8" + 5/8" = + 1 1/4" (1,6 cm + 1,6 cm = + 3,2 cm)

### Stoff begradigen

Vor dem Zuschneiden der Stoffteile wird der Stoff auf Webkante ausgerichtet und die Schnittkante begradigt.

*1* Stoff so auf die Schneidematte legen, daß der Stoffbruch zu Ihnen hin und die Webkante von Ihnen weg weist. Die gesamte Stoffmenge liegt auf der Seite Ihrer Arbeitshand.

*2* Winkeldreieck am Stoffbruch anlegen und das Lineal so an das Dreieck legen, daß eine der waagerechten Linealmarkierungen mit dem Unterrand des Dreiecks eine Linie bildet (Abb. 2).

2

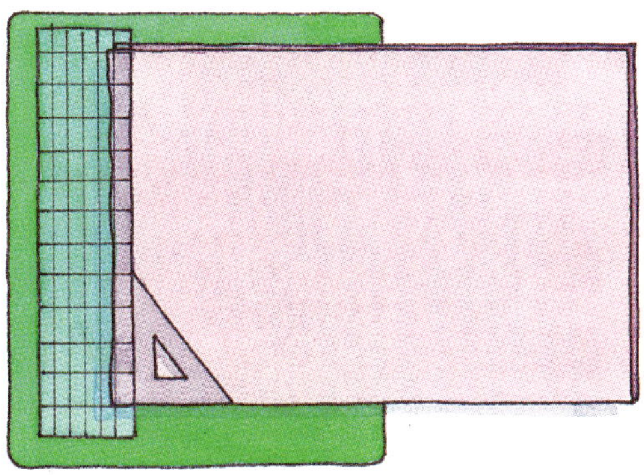

*3* Das Lineal mit einer Hand unten fest andrücken. Den Rollschneider ab dem Stoffbruch am Lineal entlangziehen, bis das obere Ende Ihrer Hand erreicht ist. Druck auf den Rollschneider beibehalten, die Hand auf dem Lineal nach oben bewegen und weiterschneiden. Diesen Vorgang wiederholen, bis die Kante ganz begradigt ist (Abb. 3).

3

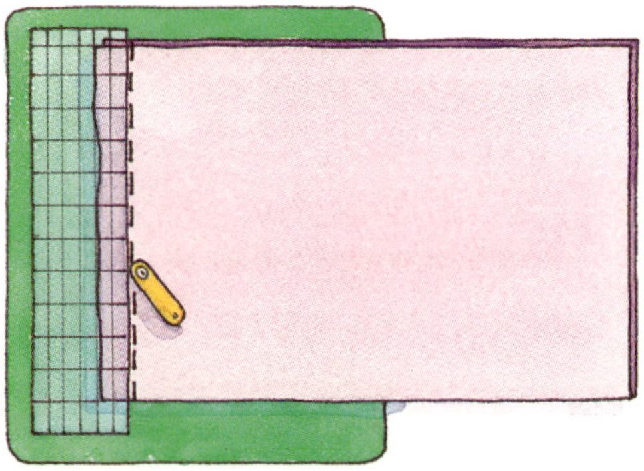

## Streifen zuschneiden

*1* Stoff so zur Hälfte falten, daß der Stoffbruch auf der Webkante verläuft und die Schnittkanten aufeinanderliegen (Abb. 4).

4

*2* Lineal so auf den Stoff legen, daß eine waagerechte Markierung mit dem Bruch und eine senkrechte (je nach Streifenbreite) mit der Schnittkante übereinstimmt. Lineal fest andrücken, Rollschneider ab dem Bruch in einem Zug am Lineal entlangziehen (Abb. 5).

5

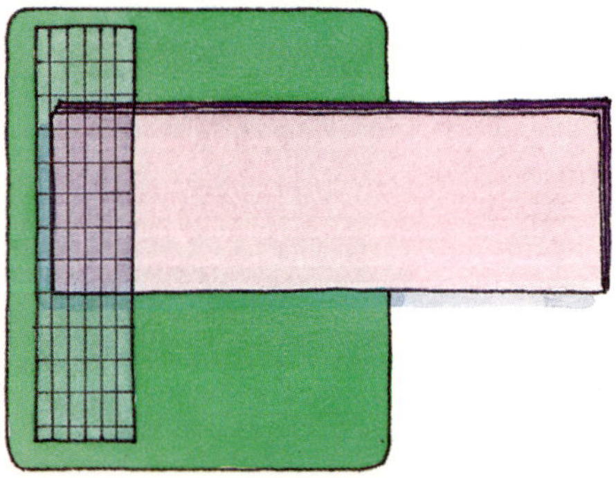

Auf diese Weise die benötigte Anzahl von Streifen schneiden. Dabei den Stoff immer wieder auf Webkante ausrichten, damit die Linealmarkierungen exakt mit Stoffbruch und Schnittkante übereinstimmen.

## Quadrate zuschneiden

*1* Streifen in der gewünschten Breite schneiden.

*2* Stoff mit der Arbeitshand am doppelten Stoffbruch fassen und drehen, bis er waagerecht auf der Schneidematte liegt. Webkante und Stoffbruch mit dem Rollschneider abschneiden (Abb. 6).

6

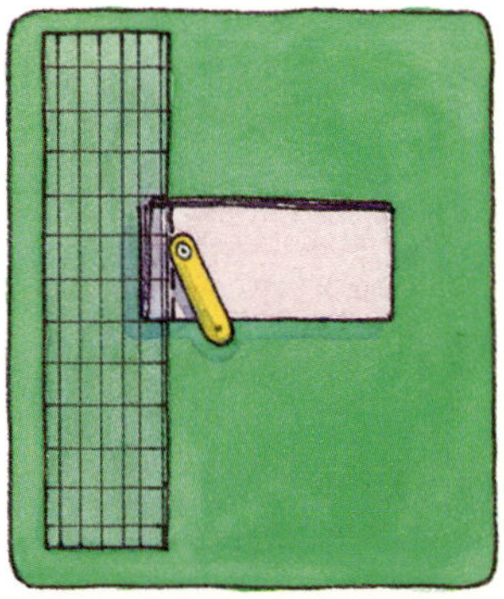

*3* Im gleichen Breitenmaß wie beim ersten Streifen Quadrate schneiden. Darauf achten, daß eine waagerechte Markierung auf dem Lineal mit der Stoffunterkante übereinstimmt (Abb. 7).

7

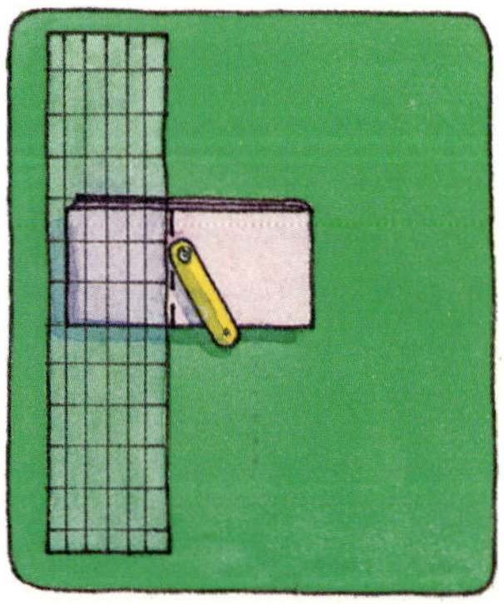

## Rechtecke zuschneiden

*1* Streifen in der Breite einer Rechteckseite einschließlich Nahtzugaben schneiden.

*2* Streifen zum Schneiden wieder drehen, Webkante und Stoffbruch abschneiden, die Breite der anderen Rechteckseite ansetzen und zuschneiden.

**Streifen über Linealbreite hinaus**
Ein zweites angelegtes Lineal oder ein Dreieck hilft Ihnen, breitere Streifen zu schneiden (Abb. 8).

8

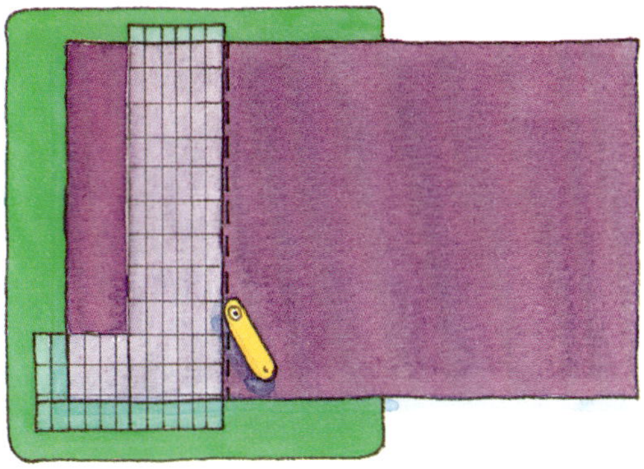

**Dreiecke aus halbierten Quadraten**
*1* Streifen in der gewünschten Breite einschließlich Nahtzugaben schneiden.

*2* Streifen wieder drehen, Webkante und Stoffbruch abschneiden und ein Quadrat schneiden.

*3* Lineal drehen, bis es genau auf der Diagonalen des Quadrats liegt. Zwei Dreiecke schneiden (Abb. 9).

9

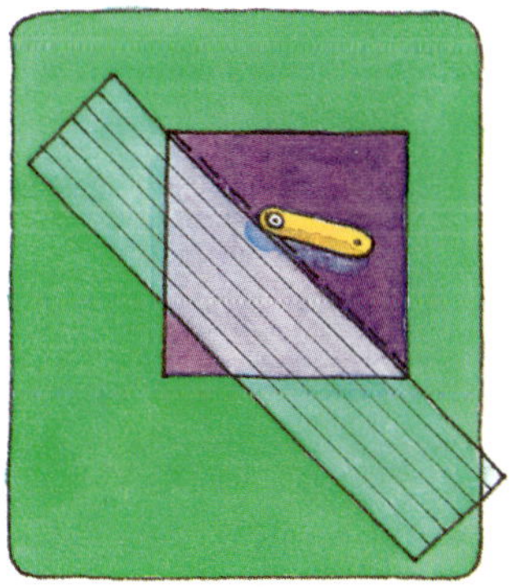

*4* Wiederholen, bis Sie die benötigte Anzahl haben.

**Dreiecke aus geviertelten Quadraten**
*1* Streifen in der gewünschten Breite einschließlich Nahtzugaben schneiden.

*2* Streifen wieder drehen, Webkante und Stoffbruch abschneiden und ein Quadrat schneiden.

*3* Lineal drehen, bis es genau auf der Diagonale des Quadrats liegt, und schneiden.

*4* Lineal, ohne die Teile zu bewegen, in die andere Richtung drehen, bis es auf der anderen Diagonale liegt, und schneiden (Abb. 10).

10

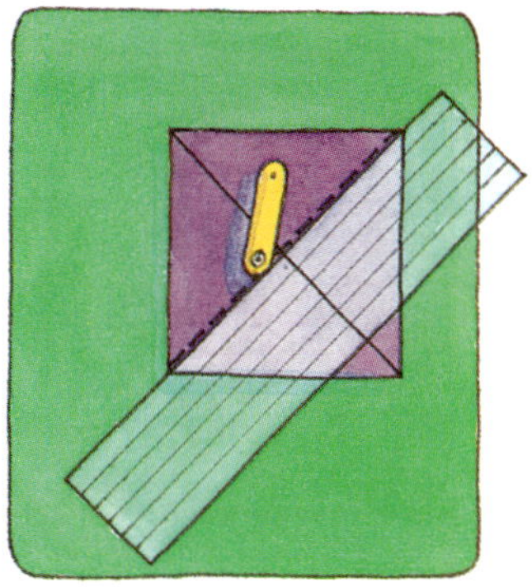

*5* Wiederholen, bis Sie die benötigte Anzahl haben.

**Genähte Streifen zerschneiden**
*1* Streifen über die Schneidematte legen, so daß der überschüssige Stoff zur Arbeitshand hinweist.

*2* Zum Begradigen oder Zerschneiden eine waagerechte Markierung auf dem Lineal entlang einer Nahtlinie, nicht entlang der Unterkante, anlegen.

**MIT DER MASCHINE NÄHEN**
**Nähmaschine vorbereiten**
Nähen Sie jeden Quilt mit einer neuen Nadel. Wenn Sie genähte Streifen verarbeiten, sollten Sie eine kürzere Stichlänge als die übliche wählen. Als Richtlinie gilt: 12 Stiche pro Inch, etwa 5 Stiche pro Zentimeter.
Die Oberseite Ihres Quilts wird nur dann perfekt aussehen, wenn Sie die Nahtzugaben absolut exakt arbeiten. Nicht einfach von der Breite des Nähfußes ausgehen! Eine exakte Breite erzielen Sie wie folgt:

*1* Von einem Stück Millimeterpapier oder karierten Papiers die rechte Kante so abschneiden, daß in 1/4" (6 mm) Abstand vom Rand eine Linie verläuft.

*2* Das Papier unter den Nähfuß legen und genau entlang dieser Linie ein paar Probestiche nähen.

*3* Entlang der Außenkante des Papiers ein Stück Klebeband auf der Stichplatte anbringen. (Es gibt auch magnetische Führungshilfen, die Sie an der Kante anlegen können.)

*4* Papier entfernen. Jetzt können Sie mit dem Nähen beginnen, doch es empfiehlt sich, erst eine Nähprobe durchzuführen. Dazu drei 1 1/2” (4,5 cm) breite Stoffstreifen schneiden und zusammennähen, indem Sie den Stoff entlang der Führungshilfe anlegen. Nahtzugaben vom mittleren Streifen weg zu einer Seite bügeln, dann auf der rechten Seite den Abstand zwischen den Nahtlinien messen. Haben Sie exakt genäht, beträgt er 1” (3 cm). Wenn nicht, legen Sie eine neue Nähprobe an.

## MIT DER MASCHINE PATCHEN

Dazu brauchen Sie sehr viel Garn. Halten Sie daher zum Nähen mehrere gefüllte Unterfadenspulen bereit.
**Kettennähen** ist eine Methode, die die Näharbeit erheblich beschleunigt: Zwei Stoffteile zusammennähen, unter dem Nähfuß lassen, dann das nächste Paar anlegen, weiternähen und diesen Vorgang wiederholen, bis alle Teile in einer Kette verbunden sind (Abb. 11).
Auf die gleiche Weise können Sie diese Paare um ein drittes Stoffteil ergänzen (Abb. 12) und den Vorgang beliebig oft wiederholen. Die einzelnen Reihen der fertigen Kette auseinanderschneiden.

**11**

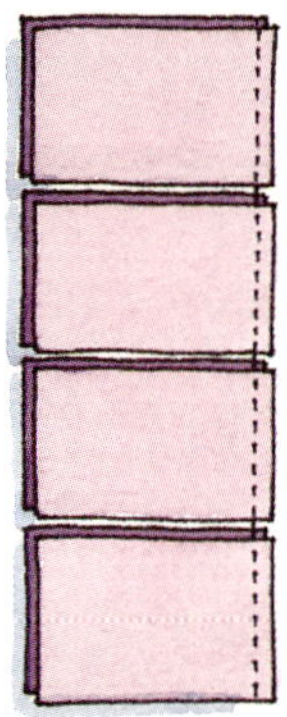

**12**

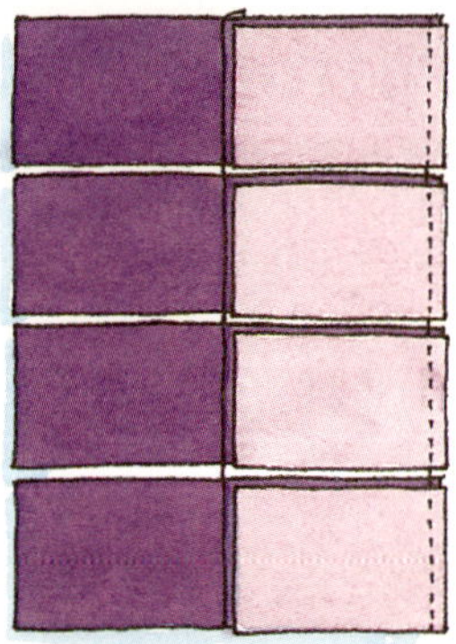

Wenn Sie die Teile mit der Maschine zusammennähen, kann der Stoff an Nahtkreuzungen zu sehr auftragen, wenn die Nahtzugaben falsch liegen. Bei jedem Projekt finden Sie daher Bügelanweisungen, damit die Nähte glatt und flach verlaufen.
**Nahtkreuzungen:** Treffen zwei Nähte aufeinander, werden die Nahtzugaben in die entgegengesetzte Richtung gebügelt, damit sie flach aufliegen. Um ein perfektes Ergebnis zu erzielen, müssen die Nähte exakt aufeinandertreffen.
**Bügeln** ist sehr wichtig, wenn Sie die Stoffteile mit der Maschine verbinden. Anders als beim Patchen von Hand wird hier nach jedem Arbeitsschritt gebügelt. Sie können die Nähte zunächst mit dem Finger glattfalzen, indem Sie mit der Fingerkuppe oder dem Nagel über die Nahtlinie streichen. Danach von links und von rechts mit dem Eisen bügeln. Immer mit dem Fadenlauf und nicht schräg dazu bügeln, damit sich der Stoff nicht verzieht.

## RANDSTREIFEN ANFÜGEN

### Rand mit geraden Ecken

Ein solcher Rand läßt sich am einfachsten arbeiten und empfiehlt sich daher für Anfänger. Bei vielen Projekten in diesem Buch sind die Maße für den Rand angegeben, doch sollten Sie Ihre Quiltoberseite zuerst noch einmal ausmessen, bevor Sie die langen Streifen zuschneiden.

*1* Um die Länge der Randstreifen zu ermitteln, von der Ober- bis zur Unterkantenmitte des Quilts messen. Zwei Stoffstreifen in dieser Länge und der gewünschten Breite einschließlich Nahtzugaben zuschneiden.

*2* Streifen mit genau 1/4” (6 mm) Nahtzugabe auf die Seitenkanten stecken und nähen. Nahtzugabe zum Rand hin bügeln.

*3* Sind die Seitenstreifen aufgenäht, von einer Seitenmitte zur anderen die Länge der Ober- und Unterkantenstreifen messen und zwei entsprechende Streifen zuschneiden.

*4* Auf die Ober- und Unterkante des Quilts stecken und nähen. Nahtzugabe zum Rand hin bügeln. Wünschen Sie mehr als eine Umrandung, den Vorgang wiederholen.

### Rand mit diagonalen Ecken

Dieser Rand erfordert etwas mehr Arbeitszeit, wirkt dafür aber um so professioneller.

*1* Länge und Breite der Quiltoberseite einmal längs und einmal quer über die Mitte messen.

*2* Randstreifen in diesen Längen plus zweimal die Streifenbreite plus etwa 2” (5 cm) Nahtzugabe zuschneiden.

*3* Einen Streifen – Streifenmitte auf Kantenmitte – feststecken. Überschüssigen Stoffstreifen an den Enden überstehen lassen.

*4* Mit 1/4" (6 mm) Nahtzugabe aufnähen. Dabei 1/4" (6 mm) von den Ecken entfernt beginnen und enden (Abb. 13).

13

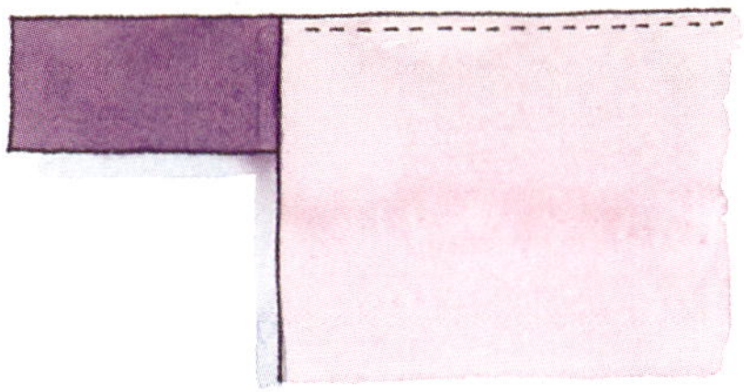

*5* Den Vorgang bei den anderen Kanten wiederholen. Nahtzugaben zum Rand hin bügeln.

*6* Für die schrägen Ecken den Quilt mit der linken Seite nach oben legen, die Randstreifen so bügeln wie abgebildet (Abb. 14), Stoffbruch auf Stoffbruch stecken und zur inneren Ecke hin aufeinandersteppen. Oder die Enden überstehen lassen (Abb. 15) und die 45°-Linie des Lineals auf die Randschnittkante legen. Eine Bleistiftlinie von der Streifennaht bis zur Außenkante ziehen, ebenso beim angrenzenden Streifen.

14 15

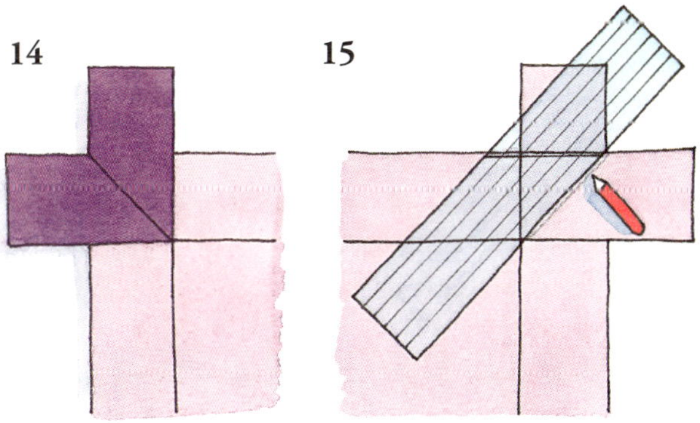

*7* Bleistiftlinien rechts auf rechts aufeinanderlegen und entlang der Markierung nähen (Abb. 16).

16

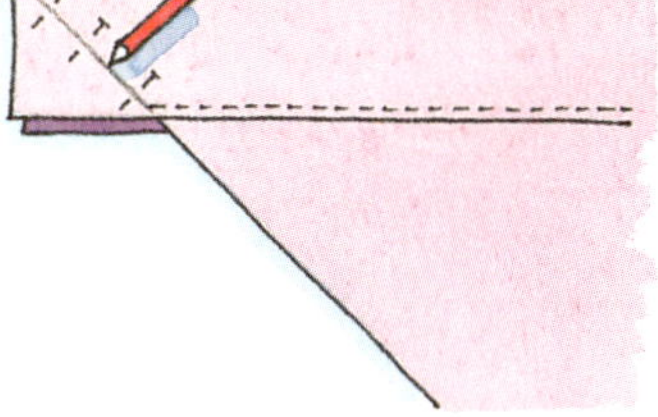

*8* Von rechts überprüfen, dann bis auf 1/4" (6 mm) zurückschneiden. Nahtzugabe auseinanderbügeln. Die übrigen drei Ecken ebenso arbeiten.

## QUILTEN VORBEREITEN

### Quiltmuster markieren

Quiltmuster, die nicht den Nahtlinien folgen, sollten Sie vor dem Zusammenheften der Quiltlagen markieren. Die Muster können ganz nach Ihren Vorstellungen kompliziert oder einfach sein. Wenn Sie mit der Maschine quilten möchten, wählen Sie jedoch am besten ein Muster, das sich in einer fortlaufenden Linie steppen läßt.
Der Handel bietet verschiedene Markierstifte an. In jedem Fall sollten Sie zunächst auf einem Stoffrest testen, ob sich die Markierungslinien leicht wieder entfernen lassen.

### Quilt ohne Einfassung

Nach folgender Methode können Sie die Kanten des Quilts versäubern, ohne eine Einfassung anzunähen:

*1* Vlieseinlage ausbreiten. Rückseite mit rechter Seite nach oben auf das Vlies und darüber, mit rechter Seite nach unten, die Quiltoberseite legen.

*2* Rückseite und Vlies auf dieselbe Größe wie die Quiltoberseite zurückschneiden. Vorsicht, nicht in die Oberseite schneiden!

*3* Alle drei Lagen kantengleich zusammenstecken und mit 1/4" (6 mm) Kantenabstand absteppen bis auf eine Öffnung zum Wenden des Quilts (Abb. 17).

17

*4* Vlies bis dicht an die Nahtlinie zurückschneiden, dann den Quilt wenden. Das Vlies bildet nun die mittlere Lage.

*5* Öffnung mit kleinen unsichtbaren Saumstichen schließen.

*6* Die Lagen mit Garn zusammenheften oder mit Sicherheitsnadeln verbinden wie unten beschrieben.

**Quilt montieren**
Rückseite und Vlieseinlage sollten etwas größer sein als die Quiltoberseite.

*1* Rückseite mit der rechten Seite nach unten glatt ausbreiten. Kanten möglichst mit Klebestreifen fixieren. Vlies auf die Rückseite und darauf, mit der rechten Seite nach oben, die Oberseite legen.

*2* Lagen von der Mitte zu den Kanten hin zusammenstecken.

**Heften**
Sie können die Lagen mit Garn heften oder mit Sicherheitsnadeln zusammenstecken.

*1* Mit langen Fäden von der Mitte zu den Kanten hin in beide Richtungen Heftreihen arbeiten (Abb. 18).

**18**

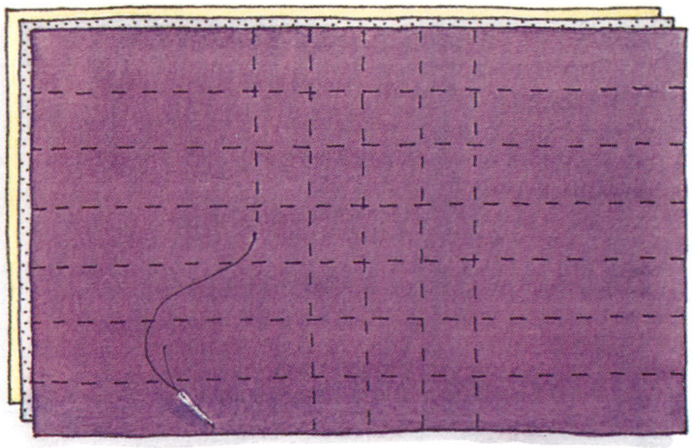

*2* Sicherheitsnadeln sollten Sie über den ganzen Quilt verteilt in beiden Richtungen in knapp handbreiten Abständen plazieren. Kurze, dünne, rostfreie Sicherheitsnadeln verwenden, die keine Spuren hinterlassen.

*3* Es gibt heute auch kurze Plastikstifte, die Sie, statt der Sicherheitsnadeln, mit einer Heftmaschine durch den Quilt schießen können.

**QUILTEN**
Hauptaufgabe der Quiltstiche ist es, die drei Lagen fest zusammenzuhalten. Von Hand zu quilten nimmt sehr viel Zeit in Anspruch. Daher wurden bei den Quilts in diesem Buch die Quiltmuster entweder mit der Maschine gearbeitet oder Muster vorgestellt, die sich sehr schnell von Hand anfertigen lassen. Haben Sie viel Zeit, können Sie sich immer auch für die Handarbeit entscheiden.

**Maschinenquilten**
Beim Maschinenquilten ist sowohl auf der Ober- als auch auf der Rückseite des Quilts eine durchgehende Stepplinie zu sehen. Wählen Sie daher dünnes Nähgarn (je dünner, desto höher die Garnstärkenzahl).
Es ist ratsam, zunächst an einem Muster aus Oberseite, Wattierung und Rückseite verschiedene Garne zu testen, damit Sie die gewünschte Wirkung erzielen. Sie können auch mit unsichtbarem Nylongarn quilten.
Nähnadeln werden in den Stärken 70, 80, 90 usw. angeboten: Je feiner die Nadel, desto niedriger die Zahl. Die Stärken 70 und 80 eignen sich sowohl zum Zusammennähen als auch zum Quilten mit leichtem oder unsichtbarem Garn.
Montieren Sie einen Mehrzweck- oder Obertransportfuß, damit Sie auf der Ober- oder Rückseite keine Falten einnähen. Dieser Nähfuß wird mit aktivem Transporteur eingesetzt. Auf diese Weise lassen sich Muster mit durchgehenden, relativ geraden Linien am besten arbeiten. Sie können an Ecken wenden und weite, jedoch keine engen Bögen steppen. Er eignet sich zum In-der-Naht-Quilten, Konturquilten oder Parallelquilten. Für enge Bögen oder zum freien Maschinenquilten verwenden Sie einen Stopffuß bei versenktem Transporteur.
Wenn Sie mit dem Nähfuß arbeiten, legt die Maschine Richtung und Stichlänge fest. In der Regel muß die Stichlänge nicht größer als beim üblichen Nähen sein. Am Anfang und Ende einer Quiltlinie etwa acht sehr kleine Stiche arbeiten, dann die Fadenenden dicht am Stoff abschneiden.

**In-der-Naht-Quilten**
Zu den einfachsten und daher beliebtesten Methoden des Maschinenquiltens gehört das In-der-Naht-Quilten. Ist die Oberseite fertiggestellt und gebügelt, sind alle Nähte auf einer Seite ohne Nahtzugabe. Auf dieser Seite wird parallel und ganz nahe der Nahtlinie gesteppt.

### Freies Maschinenquilten
Bei dieser Methode steuern Sie die Richtung und die Stichlänge, indem Sie den Quilt unter der Nadel nach vorn, nach hinten und zu den Seiten schieben. Sie brauchen allerdings sehr viel Übung, um perfekte Ergebnisse zu erzielen.

### Handquilten
Beim Quilten von Hand sollten Sie mit einem stärkeren Garn als beim Maschinennähen arbeiten. Im Handel finden Sie eine breite Palette von Quiltgarnen. Wählen Sie einen Farbton, der mit Ihren Stoffen entweder harmoniert oder kontrastiert, oder für einen Quilt auch mehrere Garnfarben. Verwenden Sie Nadeln mittlerer Stärke, das heißt 9, 10 oder 12. Je höher die Zahl, desto feiner die Nadel. Die Quiltoberseite muß gleichmäßig straff in einen Quiltreifen oder einen Drehrahmen gespannt werden.

### Quiltrahmen
Bei den großen Drehrahmen werden die Quiltschichten fest zusammengehalten, so daß das Heften entfällt. Es gibt aber auch kleinere Quiltreifen, die so handlich wie ein Stickrahmen sind.

*1* Rückseite mit der linken Seite nach oben an die Gewebestreifen auf dem vorderen und hinteren Holm des Rahmens heften. Überschüssigen Stoff auf den hinteren Rundstab rollen, bis der Stoff straff gespannt ist.

*2* Vlieseinlage an der Unterkante mit großen Heftstichen entlang dem vorderen Holm auf dem Unterstoff befestigen. Vlies zum hinteren Holm hin glattstreichen.

*3* Quiltoberseite auf das Vlies legen. Glattstreichen und nur entlang der Vorderkante durch alle drei Lagen hindurch heften.

*4* Vlieseinlage und Oberseite mit langen Näh- oder Stecknadeln entlang der Rahmenoberkante fixieren. Vlies und Oberseite hängen frei über den hinteren Holm.

*5* Quilten Sie den Bereich vor Ihnen. Anschließend die Rahmenspannung lockern und einen Teil des Unterstoffs vom hinteren Holm abrollen. Gequilteten Teil auf den vorderen Holm rollen, spannen und weiterquilten.

### Quiltreifen
Einen Quiltreifen (rund oder oval) können Sie in der Hand halten oder auf einem Ständer befestigen. In ersterem Fall empfiehlt sich ein Durchmesser von 14" (35 cm) oder 16" (40 cm), im zweiten Fall sollte er größer sein. Quiltreifen sind handlicher und erlauben ein Umdrehen des Quilts. Lassen Sie den Quilt nicht eingespannt, wenn Sie nicht an ihm arbeiten, da er sich sonst verzieht.
Montieren und heften Sie den Quilt wie zuvor beschrieben. Den zu quiltenden Bereich glatt auf den inneren Rahmenring legen und den Außenring aufsetzen. Die Spannschraube so anziehen, daß der Stoff nicht zu stramm, aber doch ganz glatt gespannt ist. Von der Mitte nach außen arbeiten.

### Das Quilten
Beim Handquilten geht es darum, gleichmäßige, gerade Stiche zu arbeiten. Stichabstand und Stichlänge sollten gleich sein.

*1* Einen 18" (45 cm) langen Faden abschneiden und in die Nadel fädeln. Fadenende verknoten.

*2* Etwa 3/4" (2 cm) vor der Stelle, an der Sie mit dem Quilten beginnen, einstechen. Nadel durch die Vlieseinlage führen und am Anfangspunkt ausstechen. Faden fest anziehen, bis der Knoten durch den Oberstoff in das Vlies rutscht.

*3* Zum Quilten die Nadel stets senkrecht in den Stoff stechen und einen Fingerhut verwenden. Nadel zwischen Daumen und Zeigefinger halten, in Stichlängenabstand vom Anfangspunkt durch alle drei Lagen hindurchstechen, bis die Nadelspitze aus dem Unterstoff ragt. Der Zeigefinger der anderen Hand unter dem Quilt spürt kurz die Nadelspitze. Wenn Sie möchten, können Sie auch die zweite Hand mit einem Fingerhut schützen.

*4* Die Nadel mit Hilfe des Fingerhuts durch alle Lagen schieben und mit der anderen Hand die Nadelspitze zum Stoff hindrücken, bis sie wieder die Oberseite durchsticht.

*5* Nadelspitze mit dem Fingerhut in eine senkrechte Position bringen und wieder einstechen.

*6* Diese Schritte so oft wiederholen, bis Sie einige Stiche auf der Nadel haben. Erst dann den Faden durchziehen. Anschließend den gesamten Vorgang wiederholen (Abb. 19).

19

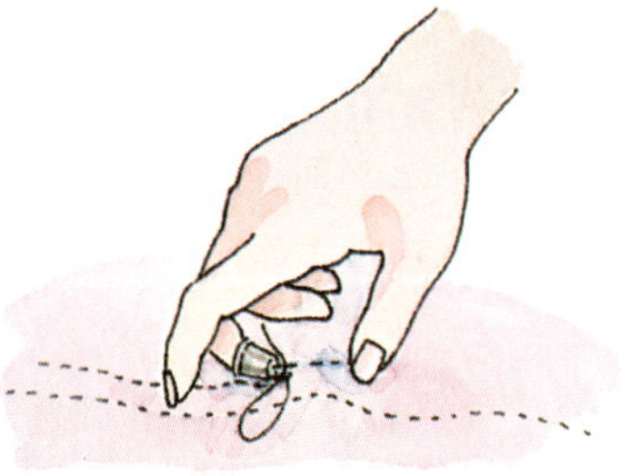

7 Bei etwa 6" (15 cm) Fadenrest einen Knoten machen. Dazu die Nadel um den Faden herumführen, so daß eine Schlinge entsteht. Nadel durch die Schlinge schieben und diese zu einem Knoten zusammenziehen. Einen weiteren Stich arbeiten und den Knoten in das Vlies ziehen, indem Sie die Nadel durch das Vlies führen und durch den Oberstoff stechen. Faden anziehen und dicht am Oberstoff abschneiden.

## QUILT KNOTEN

Eine schnelle Alternative zum Quilten bietet das Knoten. Dazu brauchen Sie ein dickeres Garn, wie etwa Baumwollperlgarn, ferner eine spitze Nadel mit großem Öhr. Arbeiten Sie mit einem langen Faden, den Sie mehrfach verknoten können.

*1* An der Stelle, an der später der Knoten liegen soll, durch alle Lagen hindurch einen Rückstich arbeiten. Dabei ein Fadenende von etwa 6" (15 cm) stehenlassen. Im gewünschten Knotenabstand einen weiteren Rückstich ausführen.

*2* Ohne den Faden zu durchtrennen, an jedem Knotenpunkt einen Rückstich arbeiten (Abb. 20).

20

*3* Faden zwischen den Stichen durchtrennen, dann die Enden mit einem Chirurgenknoten verknüpfen (Abb. 21).

21

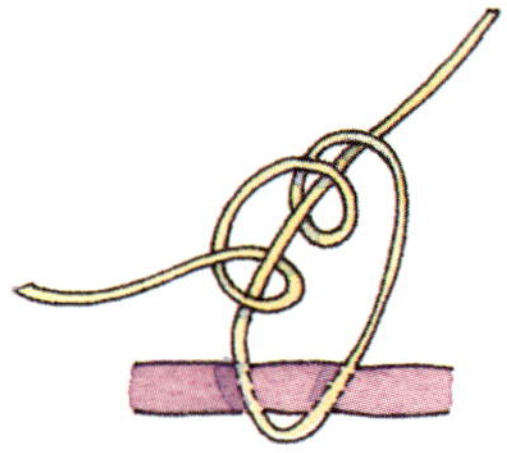

## QUILT EINFASSEN

Die Kanten so zurückschneiden, daß alle drei Lagen bündig abschließen. Am besten eine doppelt gelegte Einfassung verwenden, die Sie im geraden Fadenlauf oder als Schrägstreifen dazu schneiden können.

### Schrägstreifen herstellen

*1* Ein größeres Stoffquadrat zuschneiden und die Kanten mit A, B, C und D markieren. In der Diagonale halbieren (Abb. 22) und bei 1/4" (6 mm) Nahtzugabe A und B verbinden (Abb. 23).

22

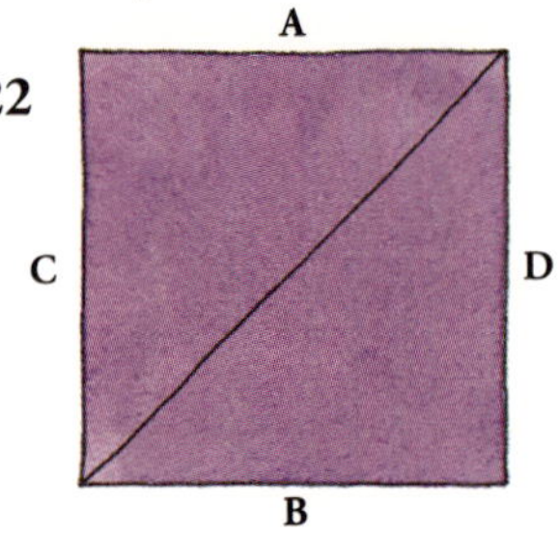


23

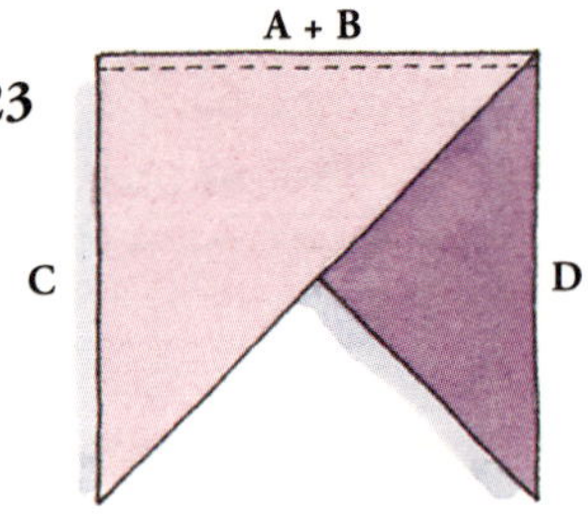


*2* Aufklappen und Nahtzugaben auseinanderbügeln. Auf der linken Stoffseite parallele Linien im Abstand der Schrägstreifenbreite markieren (Abb. 24).

24

*3* C und D um eine Streifenbreite versetzt rechts auf rechts zu einem Schlauch verbinden, so daß die Markierungslinien genau aufeinandertreffen (Abb. 25). Nahtzugaben auseinanderbügeln.

25

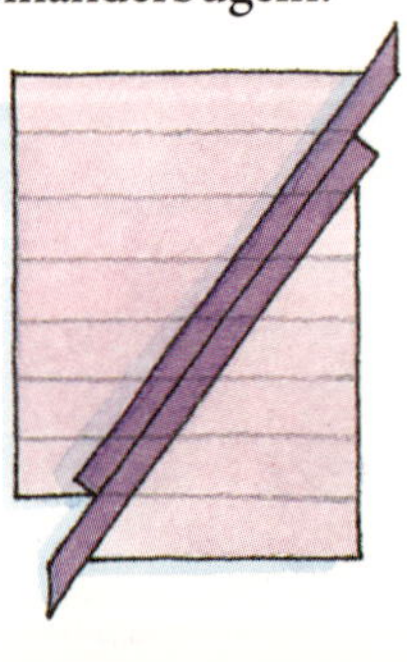

*4* Schlauch entlang den Linien zu einem durchgehenden Schrägstreifen auseinanderschneiden (Abb. 26).

26

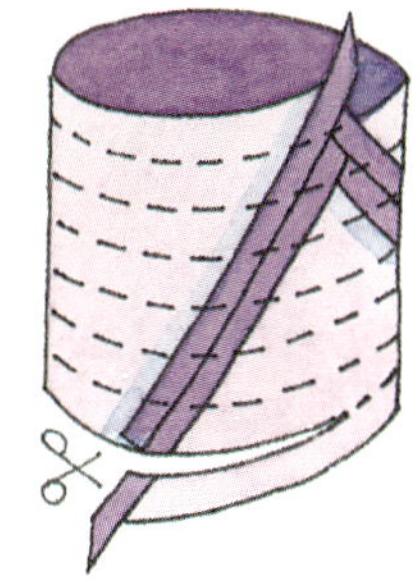

**Doppelte Einfassung**

*1* Schrägstreifen mit der rechten Seite nach außen längs zur Hälfte falten und leicht bügeln.

*2* Beliebig an einer Quiltkante beginnend, die Einfassung schnittkantengleich so aufstecken, daß ein Ende übersteht (Abb. 27).

27

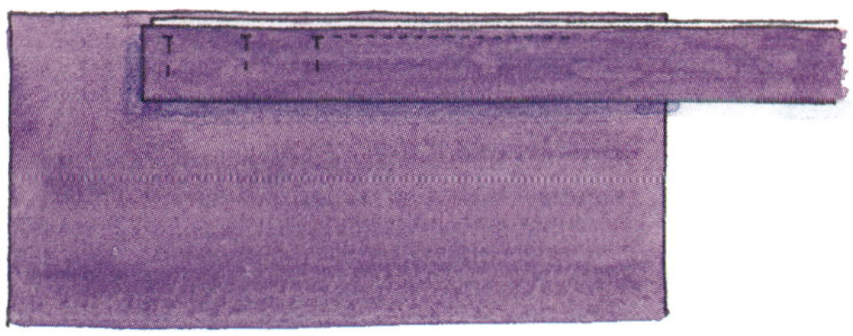

*3* Mit 1/4" (6 mm) Nahtzugabe bis auf 1/4" (6 mm) von der Ecke entfernt zusammensteppen. Einige Rückstiche nähen und den Faden abschneiden.

*4* An der Ecke den Schrägstreifen im 45°-Winkel nach oben falten (Abb. 28), danach wieder so zurücklegen, daß der Streifenbruch auf der Quiltkante liegt (Abb. 29).

28

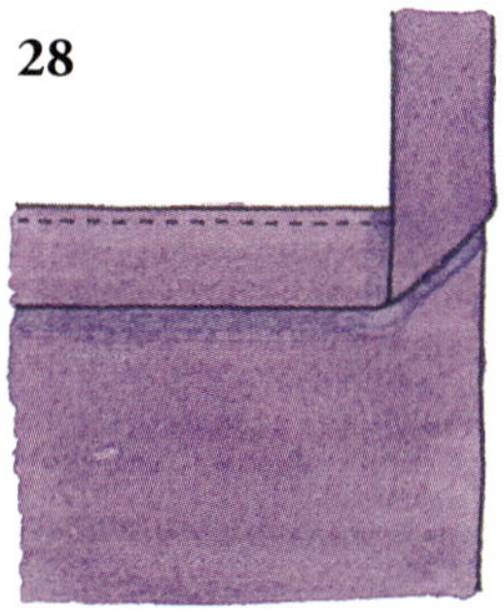

29

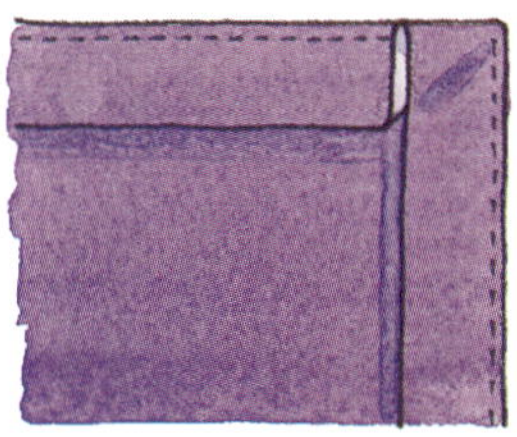

*5* 1/4" (6 mm) von der Ecke entfernt beginnend, die nächste Kante absteppen und an der Ecke wieder eine Falte einlegen. Bis zum Ausgangspunkt weiterarbeiten.

*6* Die beiden Enden im 45°-Winkel gegengleich falten (Abb. 30). Falzen und entlang der Falzlinie zusammennähen. Auf 1/4" in (6 mm) zurückschneiden.

30

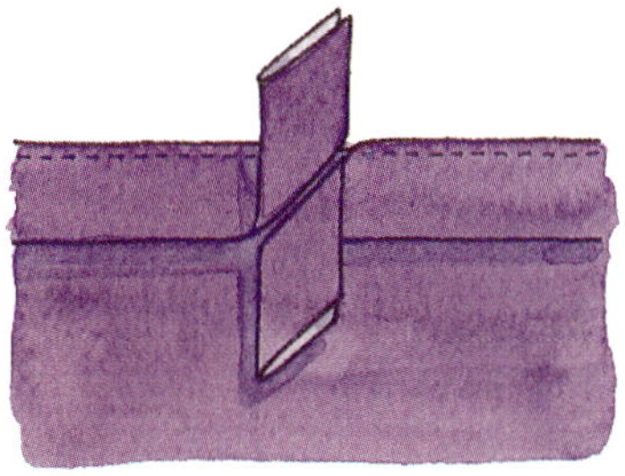

*7* Schrägstreifen zur Quiltrückseite umlegen und mit Saumstichen so aufnähen, daß die Maschinennaht verdeckt ist. An den Ecken haben sich auf der Vorder- und Rückseite Falten gebildet.

**QUILT SIGNIEREN**

Vergessen Sie nicht, Ihren Quilt zu signieren und zu datieren. Ganz einfach geht das mit Baumwollstoff, den Sie entweder besticken oder mit einem wasserfesten Stift beschriften und anschließend auf die Quiltrückseite nähen. Ebensogut können Sie die persönlichen Daten aber auch schon vor dem Zusammensetzen der Oberseite direkt auf eines der Stoffteile sticken oder die Signatur zum Schluß mitquilten.

**QUILTAUFHÄNGUNG ANBRINGEN**

Als Hängevorrichtung näht man auf die Rückseite des Quilts einen Stoffschlauch, in den dann ein lackierter Holzstab oder eine Leiste geschoben wird.

*1* Einen 10" (25 cm) breiten Stoffstreifen in der Länge der Quiltbreite zuschneiden. Die kurzen Enden 1/2" (1,5 cm) breit einschlagen und säumen.

*2* Längskanten rechts auf rechts kantengleich bei 1/2" (1,5 cm) Nahtzugaben absteppen. Nahtzugaben auseinanderbügeln. Schlauch wenden und mit der Naht in der Mitte flachbügeln.

*3* Schlauch entlang Ober- und Unterkante mit unsichtbaren Saumstichen so an die Quiltrückseite nähen, daß seine Oberkante direkt unter der Einfassung und seine Naht auf der Rückseite liegen.

# *Rustikale Quilts*

GILL TURLEY

*Auf meinen Reisen konnte ich immer wieder auch antike Quilts bewundern. Ganz besonders verliebte ich mich dabei in die alten schwedischen Muster, die sowohl für die ländlichen Tagesdecken (Country Comforter) als auch für die Quilts aus Stoffresten (Feedsack Scrap Quilts) Pate gestanden haben. Mit ihren Wollstoffen erinnerten sie mich an Quilts der Amischen und an alte walisische Stücke, ihr Indigoblau dagegen ließ mich an den Fernen Osten denken. Alle Quilts in diesem Kapitel sind in rustikalen Mustern gearbeitet und für den täglichen Gebrauch gedacht. Aus Zeitgründen und um der Genauigkeit willen werden die meisten Stoffteile mit dem Rollschneider zugeschnitten. Als Verzierung setzen wir Knöpfe, Knoten und schlichte Gebrauchsstepperei ein. Bei allen Quilts habe ich als Füllmaterial reines Baumwollvlies verwendet, das Steppreihen mit Abständen von bis zu 10" (25 cm) ermöglicht.*

# *Zimt und Blau im Quadrat*

Dieses einfache „Quadrat-im-Quadrat"-Muster findet man sehr oft in alten amischen und walisischen Quilts. Die Amischen arbeiteten zwar mit Wollstoffen, allerdings grundsätzlich nicht mit gemusterten. Die hier eingesetzten leichten Wollstoffe geben der Decke einen behaglichen, rustikalen Charakter. Sie liegen gewöhnlich breiter, so daß sie sich günstiger zuschneiden lassen. Dieser Quilt eignet sich sehr gut als Steppdecke oder Bettüberwurf.

**Quiltmaße:** 61 1/2" x 61 1/2" (154 x 154 cm)

**MATERIAL**

Leichte, 60" (150 cm) breite Wollstoffe
**Kariert für Umrandung und vier Mittelquadrate:** 1 yard (1 m)
**Dunkel, einfarbig für vier Eckquadrate und fünf Mittelquadrate:** 20" (50 cm)
**Mittel, einfarbig für Hintergrund:** 3/4 yard (75 cm)
**Rückseitenstoff:** 65" x 65" (165 x 165 cm)
**Vlieseinlage (Wolle oder Baumwolle):** 65" x 65" (165 x 165 cm)
**Sehr starkes Quiltgarn in Kontrastfarbe**
**Einfassung:** 29" x 29" (75 x 75 cm)

*Einen ganz anderen Effekt erzielen Sie, wenn Sie statt weicher Wolle feste Baumwolle wählen. Licht und sommerlich wirkt eine Kombination aus hellrotem und cremefarbenem Material, blau-weiße Karos kombiniert mit gemusterten Quadraten in Blau und Braun vermitteln ländliche Frische, einfarbige und gestreifte Stoffe in gedämpften Grüntönen werden belebt durch einen heiteren Blümchendruck, und ein rotgrundiges Mittelquadrat macht Erdtöne wärmer.*

## ZUSCHNEIDEN

*1* Aus dem karierten Wollstoff vier 9” (23 cm) breite Streifen schneiden. Von jedem Streifenende je ein 9” x 9” (23 x 23 cm) großes Quadrat abschneiden (Abb. 1). Die Reststücke für die vier Randstreifen zur Seite legen, denn sie werden erst nach dem Zusammennähen der Stoffteile auf die richtigen Maße gebracht.

1

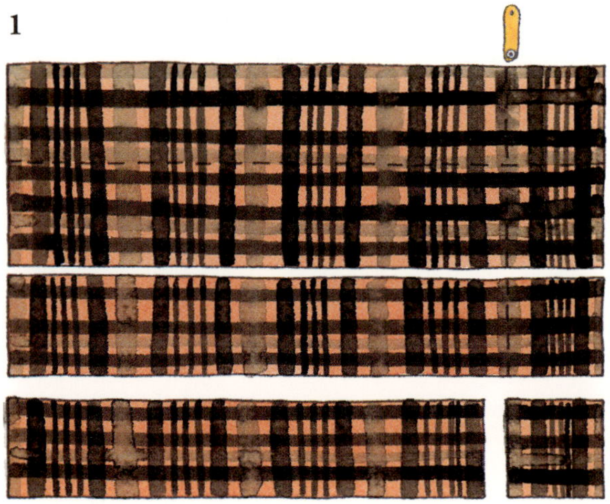

*2* Aus dem dunklen einfarbigen Stoff neun 9” x 9” (23 x 23 cm) große Quadrate schneiden: vier für die Ecken und fünf für das Mittelquadrat (Abb. 2).

2

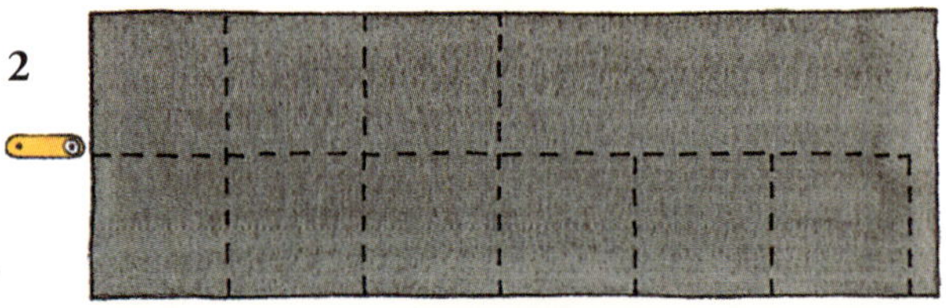

*3* Aus dem mittleren einfarbigen Stoff zwei 27” x 27” (68 x 68 cm) große Quadrate schneiden. Jedes in der Diagonale zu vier Dreiecken halbieren (Abb. 3 ).

3

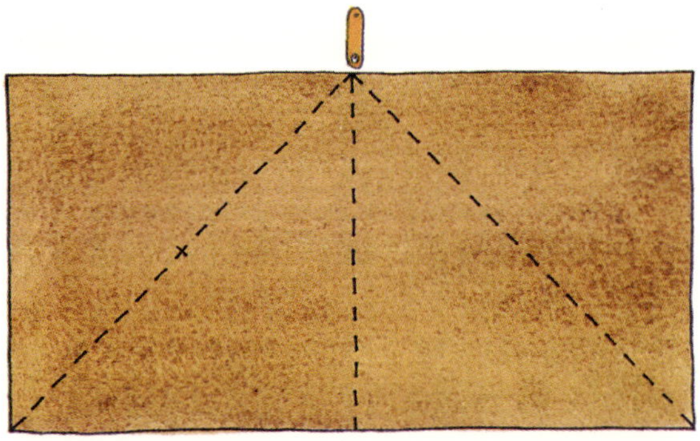

## NÄHEN

*1* Mittelquadrat zusammensetzen: fünf dunkle und vier karierte Quadrate im traditionellen 9-patch-Muster anordnen und anschließend zusammennähen (Abb. 4).

4

*2* Große Hintergrunddreiecke mit der schrägen Kante mittig an die Kanten des 9-patch-Mittelquadrats stecken. Eins nach dem anderen ansetzen wie im folgenden beschrieben.

*3* Zuerst das obere rechte Dreieck feststecken und aufsteppen. Nahtzugaben zur Mitte hin oder bei dickem Stoff auseinanderbügeln. Über das 9-patch-Mittelquadrat hinausstehenden Dreieckstoff abschneiden. Dazu mit einem langen Lineal die Quadratkante verlängern und entlang dieser Linie schneiden (Abb. 5).

5

*4* Zweites Dreieck mittig an der angrenzenden Quadratkante feststecken, steppen und bügeln. Überstehenden Dreieckstoff wie zuvor abschneiden.

*5* Die beiden anderen Dreiecke auf die gleiche Weise annähen. Sie brauchen nicht zurückgeschnitten zu werden.

## RANDSTREIFEN ANFÜGEN

*1* Um die erforderliche Länge der vier Randstreifen zu ermitteln, einmal längs und einmal quer über die Mitte der fertigen Quiltoberseite messen. Beide Maße sollten identisch sein. Die karierten Streifen auf diese Länge schneiden.

*2* An die Enden des oberen und unteren Randstreifens je ein Eckquadrat nähen. Nahtzugaben entweder auseinander- oder zum Randstreifen hin bügeln.

*3* Die beiden anderen Randstreifen an die Quiltseiten nähen. Nahtzugaben bügeln. Dann oberen und unteren Randstreifen annähen.

## QUILT FERTIGSTELLEN

*1* Rückseite, Vlieseinlage und Oberseite aufeinanderlegen und montieren (siehe Seite 14), dann von Hand mit dickem Garn und einer Nadel mit großem Öhr quilten. Die Quiltvorlage zeigt eines von vielen möglichen Mustern. Um Zeit zu sparen, können Sie auch mit der Maschine quilten.

*2* Einen 2 1/2" (6,5 cm) breiten durchgehenden Schrägstreifen schneiden (siehe Seite 16), längs zur Hälfte falten und die Quiltkanten bei 1/4" (6 mm) Nahtzugabe damit einfassen (siehe Seite 17).

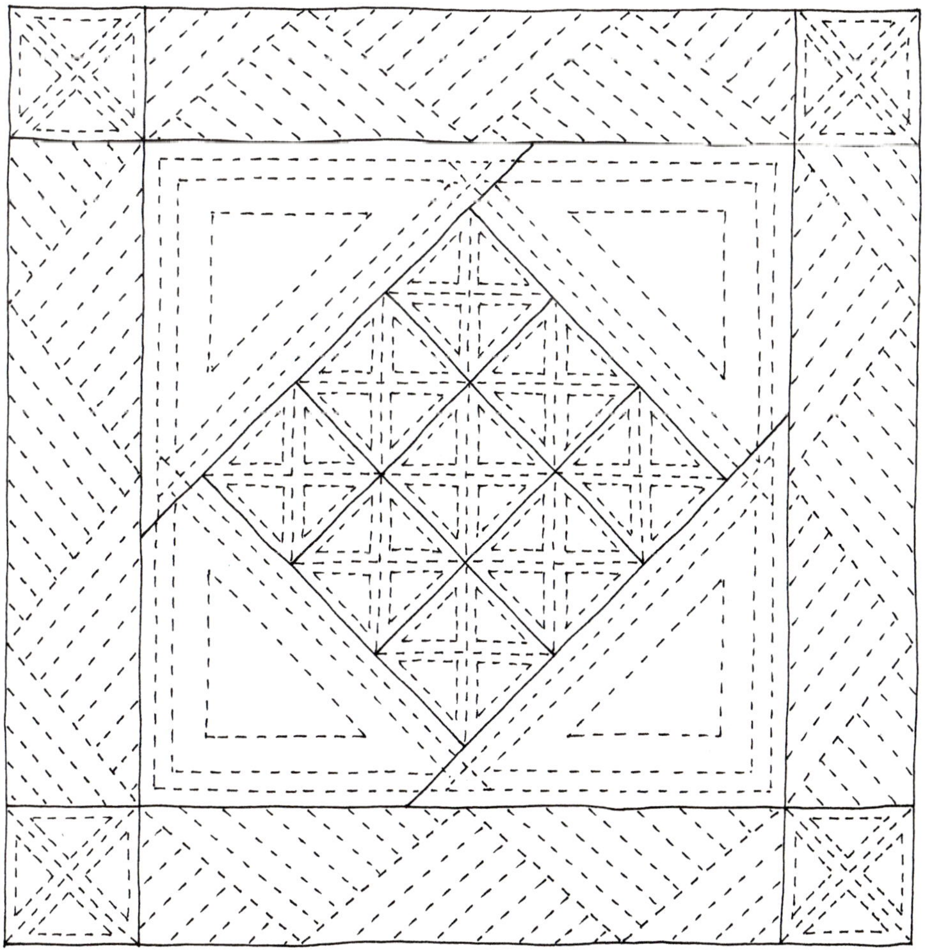

# Country-Style zum Träumen

Dieser Quilt verdankt seinen rustikalen Charme einem schlichten Muster mit einheitlich angelegter Karo- und Streifenstruktur. Planen Sie das Nebeneinander der einzelnen Stoffteile nicht zu sorgfältig, gerade in der Zufälligkeit der Anordnung liegt das Geheimnis seines spontanen Charakters. Dieser zauberhafte Quilt ist als Lieblingsstück für den täglichen Gebrauch gedacht, als wärmende Kniedecke für kalte Winterabende oder als kuschelige Kinderdecke.

**Quiltmaße:** 47" x 60" (120 x 150 cm)

## MATERIAL

**Verschiedene Karo- und Streifenstoffe (31 unterschiedliche Stoffteile):** jeder 10" x 10 3/4" (25 x 27 cm)
**Achtung:** Wenn Sie das Material für dieses Projekt eigens kaufen müssen, ist es aus Kostengründen ratsam, nur acht verschiedene Stoffe zu verarbeiten. Sie brauchen dann bei einer Breite von 45" (115 cm) je 12" (30 cm) Stoff, um aus jedem vier Flicken zu schneiden.

**Ein Paket Klebeschildchen**
**Rückseitenstoff:** 50" x 65" (125 x 163 cm)
**Vlieseinlage:** 50" x 65" (125 x 163 cm)
**Quiltgarn:** die Stärke richtet sich nach der gewählten Stoffart
**Einfassung:** 24" x 24" (60 x 60 cm)

## ZUSCHNEIDEN

Bei gekauften Stoffen Rechtecke von 10" x 10 3/4" (25 x 27 cm) Größe zuschneiden.

## NÄHEN

*1* Legen Sie 20 Stoffteile in fünf Reihen so auf dem Boden aus, daß die kurzen Kanten parallel zur Quiltober- und -unterkante verlaufen. Verschieben Sie die Stoffe, bis Ihnen die Anordnung spontan gefällt.
**Achtung:** Zwei „Schockfarben" wirken weniger grell, wenn sie dicht beieinanderliegen, als wenn man sie voneinander entfernt plaziert. Jedes Stoffteil mit einem Klebeschildchen numerieren.

*2* Die numerierten Stoffteile in der Zahlenfolge reihenweise anordnen und an den langen Kanten verbinden. Klebeschildchen entfernen und Nahtzugaben der ersten, dritten und fünften Reihe nach links, die der zweiten und vierten Reihe nach rechts bügeln (Abb. 1).

**1**

*3* Reihen zusammensteppen.

## RANDSTREIFEN ANFÜGEN

*1* Von den übrigen elf Rechtecken eines oder zwei quer halbieren und zunächst beiseite legen. Achten Sie beim Anordnen der Randstücke darauf, daß die Nähte der Umrandung nicht genau mit denen der fertiggestellten Quiltfläche übereinstimmen, sondern versetzt liegen.

*2* Alle Randstücke an den kurzen Kanten zu einem langen Streifen zusammennähen. Nahtzugaben in eine Richtung bügeln.

*3* Für eine 5" (12,5 cm) breite Umrandung den langen Streifen längs halbieren.

*4* Um die erforderliche Seitenlänge zu ermitteln, den Quilt längs über die Mitte ausmessen. Von den beiden langen Streifen je ein Stück in der ermittelten Länge abschneiden und an die Quiltseiten nähen. Nahtzugaben zur Umrandung hin bügeln.

*5* Dann den Quilt quer über die Mitte ausmessen und die übrigen beiden Streifen entsprechend zuschneiden. Streifen an die Ober- und Unterkante des Quilts steppen und die Nahtzugaben zur Umrandung hin bügeln.

## QUILT FERTIGSTELLEN

*1* Zum Quilten die Arbeit entweder in einen Quilt- oder einen Drehrahmen spannen (siehe Seite 15).

*2* Für eine Quiltschablone die Blumenvorlage (Abb. 2) entweder direkt auf Hartplastikfolie oder zunächst auf Papier übertragen. Das Papier dann auf starken Karton kleben und sorgfältig entlang den Umrissen ausschneiden.

*3* Um das Muster auf den Quilt zu übertragen, die Blumenschablone auf den senkrechten Nahtlinien zentrieren und mit Schneiderkreide die Umrisse nachziehen. Jede Blume gesondert kopieren und von Hand quilten (siehe Seite 15).

*4* Der Rand kann mit geraden Linien abgesteppt werden. Diese eventuell einzeln mit Klebeband markieren.

*5* Als Abschluß einen 2" (5 cm) breiten durchgehenden Schrägstreifen arbeiten (siehe Seite 16). Längs zur Hälfte falten und die Quiltkanten bei 1/4" (6 mm) Nahtzugabe damit einfassen (siehe Seite 17).

2

# *Fernöstlich in Indigo und Weiß*

Dieser Quilt entstand aus einer Kollektion bildschöner indigoblauer und weißer Batikstoffteile in ungewöhnlichen Maßen. Kombinieren Sie traditionell eingefärbte Batik stets passend mit ungebleichtem Nessel, damit der Folklorecharakter dieser reizvollen Technik erhalten bleibt. Die Farbwahl und die klaren, übersichtlichen Muster sowie die gitterartige Rahmung erinnern an japanisches Design.
In der Arbeitsanleitung sind zusammen mit dem Naturnessel nur vier verschiedene blau-weiß gemusterte Stoffe angegeben. Durch diese Beschränkung wird die Arbeitszeit erheblich verkürzt, die Wirkung jedoch in keinster Weise geschmälert. Der aparte Quilt eignet sich als Decke genauso wie als attraktiver Wandbehang.

**Quiltmaße:** 48 1/2" x 54 1/2" (122 x 138 cm)

**MATERIAL**

**Ungebleichter Nessel für Gitterstreifen, Umrandung und Rückseite:** 2 1/2 yards (2,5 m), 50" (125 cm) breit
**Vier verschiedene blau-weiß gemusterte Stoffe, selbst gefärbt (indigo) oder gebatikt:** je 1/3 yard (30 cm), 45" (115 cm) breit
**Vlieseinlage:** 50" x 60" (125 x 150 cm)
**Knöpfe:** 80 oder mehr
**Rotes oder blaues starkes Garn:** zum Zusammenknoten der Quiltlagen (Garn muß farbecht sein)
**Einfassung (Kontrastfarbe oder Nessel):** 24" x 24" (60 x 60 cm)

## ZUSCHNEIDEN

*1* Für die Quiltrückseite brauchen Sie ein 50" x 56" (125 x 140 cm) großes Stück Nessel. Aus dem restlichen Nessel in der Stoffbreite sieben Gitterstreifen in den Maßen 2 1/2" x 42 1/2" (6,5 x 108,5 cm) und für die Umrandung vier 3 1/2" x 48 1/2" (9 x 123,5 cm) große Streifen schneiden.

*2* Aus jedem der vier blau-weiß gemusterten Stoffe einen Streifen von 9 1/2" x 42 1/2" (24 x 108,5 cm) schneiden.

## NÄHEN

*1* Die vier bedruckten Streifen an den langen Kanten immer abwechselnd mit drei Nesselstreifen verbinden. In dieser Arbeitsphase noch keine Randstreifen ansetzen (Abb. 1). Nahtzugaben zu den farbigen Stoffen hin bügeln.
**Achtung:** Werden Stoffe mit kräftigen Farben zum Nessel hin gebügelt, könnten sie durchscheinen.

1

*2* Den zusammengesetzten Stoff über die Breite in folgenden Abständen zerschneiden (Abb. 2):

2

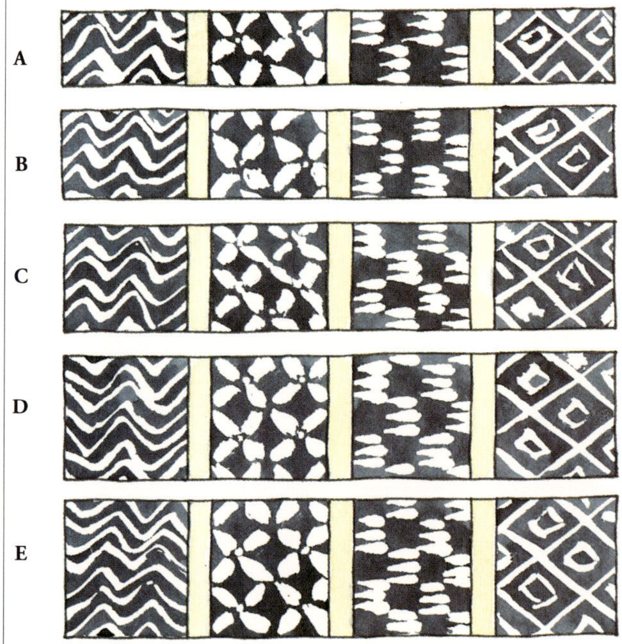


Reihe A: 6 1/2" (16,5 cm)
Reihe B: 7 1/2" (19,5 cm)
Reihe C: 8 1/2" (21,5 cm)
Reihe D: 9 1/2" (24,5 cm)
Reihe E: 10 1/2" (26,5 cm)

*3* Ordnen Sie die Reihen in alphabetischer Folge auf Ihrer Arbeitsfläche an. Reihe B und D so drehen, daß Stoff Nummer 4 nun auf der linken Seite liegt (siehe Quiltplan).

*4* Die übrigen vier Gitterstreifen zwischen die einzelnen Reihen steppen. Nahtzugaben zu den bedruckten Stoffen hin bügeln.

## RANDSTREIFEN ANFÜGEN

*1* Seitenrandstreifen an den Quilt nähen. Nahtzugaben zur Quiltmitte hin bügeln.

*2* Randstreifen an Ober- und Unterkante anfügen. Nahtzugaben zur Quiltmitte hin bügeln.

## QUILT FERTIGSTELLEN

*1* Rückseite, Vlieseinlage und Oberteil zusammenheften (siehe Seite 14).

*2* Lagen sichern, indem Sie auf der Oberseite Knöpfe annähen. Mit dem gleichen Garn arbeiten Sie auf der Rückseite dekorative Knoten wie in Schritt 3 bis 5 beschrieben. Die Knöpfe werden in die Quadratecken genäht; bei großen Stoffteilen eventuell noch einen fünften Knopf in die Mitte setzen.

*3* Mehrere Fäden gleichzeitig einfädeln. Nadel in der Ecke eines Stoffteils von hinten nach vorn durchstechen. Fadenenden auf der Rückseite zum Verknoten stehenlassen.

*4* Nadel durch die Knopflöcher führen und auf der Quiltrückseite ausstechen. (Vorgang wiederholen, wenn die Löcher groß genug für die doppelte Garnmenge sind.)

*5* Auf der Rückseite Fadenenden sicher verknoten und dekorative Enden oder Quasten von etwa 3/4" (2 cm) stehenlassen.
**Achtung:** Decken für Babys oder Kleinkinder niemals mit Knöpfen verzieren. Statt dessen die sichere Knotenmethode wählen (siehe Seite 16)!

*6* Als Abschluß einen 2" (5 cm) breiten durchgehenden Schrägstreifen schneiden (siehe Seite 16). Längs zur Hälfte bügeln und den Quilt damit einfassen (siehe Seite 17).

# *Provenzalische Impressionen*

Bestechend sind hier die Stoffe mit typisch provenzalischem Muster, die ich in Paris erstanden habe. Raffiniert das spritzige Zickzackmuster aus rot- und grünbedruckten Stoffen, das eine Umrandung mit diagonalen Ecken in gelbgrundigem, vielfarbig gemustertem Stoff erhielt.
Im Sommer wirkt dieser Quilt wunderschön als weiche Unterlage in einer Hängematte oder auf einer Bank, in der kalten Jahreszeit verbreiten seine starken Farben die Heiterkeit des Sommers in Wohnraum oder Wintergarten.

**Quiltmaße:** 49 1/2" x 56 1/2" (125 x 145 cm)

**MATERIAL**
**Rotbedruckter Stoff:** 1 yard (1 m) bei 58" (145 cm) Breite oder 1 1/4 yards (1,25 m) bei 45" (115 cm) Breite
**Grünbedruckter Stoff:** 1 yard (1 m) bei 58" (145 cm) Breite oder 1 3/4 yards (1,25 m) bei 45" (115 cm) Breite
**Umrandung:** 2 yards (2 m), 45" oder 58" (115 oder 145 cm) breit
**Rückseitenstoff:** 60" x 60" (150 x 150 cm)
**Vlieseinlage:** 60" x 60" (150 x 150 cm)
**Baumwollperlgarn:** für Knotenverzierung
**Einfassung:** 24" x 24" (60 x 60 cm)

## ZUSCHNEIDEN

*1* Vom breiteren Stoff aus der Breite drei rote und drei grüne, 8 1/4" (21,5 cm) breite Streifen schneiden. Anschließend vom schmaleren Stoff aus der Breite vier rote und vier grüne, 8 1/4" (21,5 cm) breite Streifen schneiden.

*2* Diese Streifen in 20 Quadrate mit 8 1/4" (21,5 cm) Seitenlänge zerschneiden. Quadrate zweimal in der Diagonale halbieren, so erhalten Sie von jeder Farbe 80 Dreiecke (insgesamt werden 78 benötigt). Die langen Kanten der Dreiecke sind im Fadenlauf geschnitten. Sie verlaufen längs über den Quilt und stabilisieren ihn (Abb. 1).

1

*3* Aus den restlichen rot- und grüngemusterten Stoffen sechs Quadrate mit einer Seitenlänge von 4 3/8" (11,5 cm) schneiden. Diese einmal diagonal zu zwölf Dreiecken pro Farbe halbieren (Abb. 2). Sie werden am Anfang und Ende jeder Reihe an ein großes Dreieck angesetzt.

2

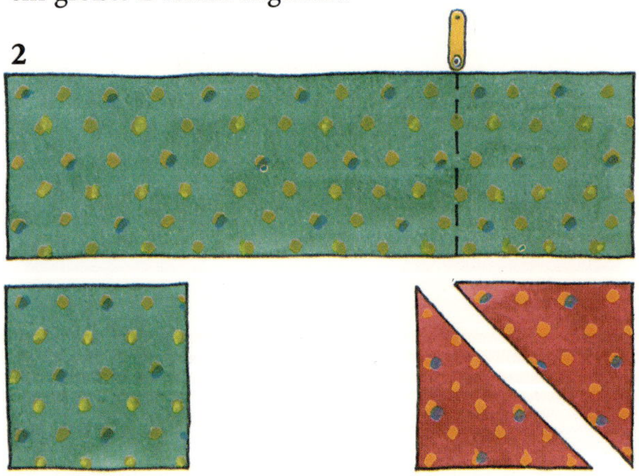

*4* Für den Rand siehe „Randstreifen anfügen".

## NÄHEN

*1* Für den Quilt brauchen Sie zwölf Reihen aus zusammengesetzten Dreiecken: sechs A- und sechs B-Streifen. Jede Reihe mit einem Dreieck aus einer Quadrathälfte beginnen und die lange (diagonale) Dreieckskante an die kurze Kante des ersten Viertelquadrat-Dreiecks nähen.

*2* Viertelquadrat-Dreiecke in wechselnder Farbfolge an den kurzen Kanten verbinden. Jede Reihe besteht aus sieben Dreiecken der einen und aus sechs der anderen Farbe sowie aus einem Quadrathälften-Dreieck an jedem Ende. Nahtzugaben in eine Richtung bügeln (Abb. 3).

3

*3* Die fertigen zwölf Reihen an den langen Kanten verbinden. Nahtzugaben in eine Richtung bügeln.

## RANDSTREIFEN ANFÜGEN

*1* Den Quilt durch die Mitte ausmessen, um die Länge der Randstreifen zu bestimmen. Die Breite der Umrandung hängt von der gewählten Stoffbreite ab. Wegen der diagonalen Ecken bei jedem Streifenende die Randbreite (hier 4 1/4" = 11 cm) und ein bißchen mehr zugeben. Streifen in der ermittelten Länge zuschneiden.

*2* Die zugeschnittenen Randstreifen mittig an die Quiltkanten stecken und aufsteppen. An den Ecken diagonale Falten einlegen und vor dem Nähen überprüfen, ob der Winkel genau 45° beträgt (siehe Seite 12).

*3* Quiltrückseite, Vlies und Oberseite aufeinanderlegen und gitterförmig zusammenheften (siehe Seite 14).

*4* Nach der Knotenmethode (siehe Seite 16) entlang der Nahtlinie jeder zweiten Reihe Knoten arbeiten, wie der Quiltplan auf Seite 32 zeigt. Sie können auch von Hand in „Großstichen" quilten und dabei das Zickzackmuster wiederholen (siehe Seite 39) oder mit der Maschine die einzelnen Reihen entlangsteppen.

*5* Als Abschluß einen 2" (5 cm) breiten durchgehenden Schrägstreifen schneiden (siehe Seite 16). Streifen längs zur Hälfte falten und die Quiltkanten bei 1/4" (6 mm) Nahtzugabe damit einfassen (siehe Seite 17).

# *Bunter Restequilt*

Alter „Futtersackstoff" aus den USA war das Material für diesen originellen Quilt. Damit das Farbschema nicht fade wirkt, sorgen zwei leuchtende Muster für kräftige Akzente. Mit seiner üppigen Umrandung reicht der quadratische Quilt bei einem Einzelbett großzügig bis auf den Boden, besonders gut macht er sich auf einem antiken Bett.
Die „Futtersäcke" aus den dreißiger Jahren dienten nicht etwa nur zum Aufbewahren von Tierfutter, sondern auch zur Vorratshaltung von Mehl, Zucker und Salz und wurden aus billigen Stoffen genäht. Auf manchen findet man aufgedruckte Warenzeichen, andere zeigen farbenprächtige geometrische Muster oder haben ein Blumendessin, und wieder andere sind einfarbig in zarten Pastelltönen gehalten. In der Zeit der Depression, als das Geld knapp war, stellte man aus solchen Säckchen Quilts und viele andere hübsche Dinge für den Haushalt her.

**Quiltmaße:** 57 3/4" x 57 3/4" (145 x 145 cm)

**MATERIAL**

Die hier verarbeiteten Stoffe liegen 45" (115 cm) breit.

**Quiltmitte:** sechs Stoffstücke, jedes 9" x 44" (23 x 112 cm). (Wählen Sie vier verschiedene hell und mittel bedruckte Stoffe und als Akzente zwei Stoffe in kräftigen Farben oder entsprechend viele Stoffreste.)

**Rand (einfarbig):** 1 1/4 yards (1,25 m)

**Ecken (gemustert):** 1/4 yard (25 cm)

**Rückseite:** 60" x 60" (150 x 150 cm), einfarbig oder gemustert

**Vlieseinlage:** 60" x 60" (150 x 150 cm)

**Sehr starkes Quiltgarn:** Baumwollperlgarn, Knopflochseide, Tapisserie- oder Häkelgarn; leichte Stoffe erfordern feineres Garn

**Einfassung:** 24" x 24" (60 x 60 cm) in Kontrastfarbe

## ZUSCHNEIDEN

*1* Alle sechs Stoffstücke für die Quiltmitte genau aufeinanderlegen. Der Länge nach in 3 1/4" (8,5 cm) breite Streifen zerschneiden. Bei dickeren Stoffen nur wenige Lagen gleichzeitig zerschneiden.

*2* Um dem Muster eine wie zufällige Unregelmäßigkeit zu geben, die langen Streifen in drei oder vier von unterschiedlicher Länge zerschneiden.

*3* Aus dem einfarbigen Stoff zwei 8 1/2" x 41 3/4" (21,5 x 105 cm) große Seitenrandstreifen schneiden. Ober- und Unterkantenstreifen folgen erst nach Fertigstellung der Quiltmitte.

*4* Aus dem gemusterten Stoff vier Quadrate mit 8 1/2" (21,5 cm) Seitenlänge für die Ecken schneiden.

## NÄHEN

*1* Stoffstreifen für die Mitte „mischen“ und an den kurzen Kanten zu einem etwa 17 yards (17 m) langen Streifen verbinden.

*2* Kleben Sie zwei Klebebandstreifen im Abstand von 41 3/4" (105 cm) auf die Arbeitsfläche, sie markieren die Streifenlänge für die Quiltmitte.

*3* Aus dem vorbereiteten langen Stoffstreifen 15 Streifen von 3 1/4" x 41 3/4" (8,5 x 105 cm) Größe schneiden. Darauf achten, daß keine Reihe mit einem sehr kurzen Stück (weniger als 2" = 5 cm) beginnt oder endet. Für den Fall, daß die Reihe doch mit einem kurzen Streifen endet, kürzen Sie den angrenzenden Streifen und setzen ein anderes, längeres Stoffstück an. Nochmals ausmessen und auf die erforderliche Länge kürzen (Abb. 1). Fängt die Reihe mit einem kurzen Streifen an, das kurze Stück abschneiden und neu ausmessen wie beschrieben (Abb. 2).

*4* Streifen nebeneinander anordnen. An den langen Kanten zusammensteppen (die Streifen verlaufen von der Ober- zur Unterkante des Quilts, siehe Quiltplan Seite 36).

*5* Nahtzugaben zu einer Seite hin bügeln.

1

2

## RANDSTREIFEN ANFÜGEN

*1* Seitenrandstreifen an die entsprechenden Kanten des Quiltmittelstücks nähen und Nahtzugaben zum Rand hin bügeln.

*2* Vor dem Zuschneiden der beiden anderen Randstreifen die Breite des Mittelstücks, von der Mitte der linken Kante bis zur Mitte der rechten Kante, genau nachmessen. Sie sollte 41 3/4" (105 cm) betragen. Kommt ein anderes Maß heraus, stimmen eventuell Ihre Nahtbreiten nicht ganz. Passen Sie dann die Länge des oberen und unteren Randstreifens exakt der Breite des Quiltmittelstücks an.

*3* An den Enden des Ober- und Unterkantenstreifens je ein Eckquadrat mit 1/4" (6 mm) Nahtzugabe ansetzen. Nahtzugaben zur Umrandung hin bügeln.

*4* Ober- und Unterkantenstreifen mit dem Mittelstück verbinden.

## QUILT FERTIGSTELLEN

*1* Zum Quilten die Arbeit in einen Quilt- oder einen Drehrahmen spannen (siehe Seite 15).

*2* Quiltlinien beim Arbeiten mit Lineal und Kreide oder mit Hilfe von Klebeband markieren. Dies muß nicht im voraus geschehen (siehe Quiltplan).

*3* Für das Quilten mit „Großstichen“ brauchen Sie eine Nadel mit einem Öhr, das groß genug für das dickere Garn ist. In gleichmäßigen Abständen etwa 1/4" (6 mm) lange Heftstiche arbeiten. Die Reihen dürfen größere Abstände haben als beim traditionellen Quilten.

*4* Nach Beendigung des Quiltens den Quilt aus dem Rahmen nehmen.

*5* Als Abschluß einen 2" (5 cm) breiten durchgehenden Schrägstreifen schneiden (siehe Seite 16). Streifen längs zur Hälfte falten und die Quiltkanten damit einfassen (siehe Seite 17).

# *Wendetischdecke im Straight-Furrow-Muster*

Die rechteckigen, beidseitig gearbeiteten Log-Cabin-Blöcke sind rasch zu einer dekorativen Wendetischdecke im Straight-Furrow-Muster (Gerade Bahn) zusammengenäht. Wählen Sie für beide Seiten zwei verschiedene Farbschemata, beispielsweise passend zu Weihnachten Rot, Weiß und Dunkelgrün, zu Ostern Gelb, Weiß und Hellgrün.
Damit bei den hellen Stoffen die dunklen nicht durchscheinen, sollten die Farben auf der Rückseite an gleicher Stelle plaziert werden wie auf der Vorderseite. Größte Genauigkeit erzielen Sie mit Stoffen von gleichem Gewicht.
Beide Patchworkseiten werden gleichzeitig genäht, das heißt, wenn Sie auf der Vorderseite einen Streifen annähen, müssen Sie parallel dazu auch auf der Rückseite einen Streifen anfügen. Da nicht gequiltet wird, verkürzt sich die Arbeitszeit.

**Tischdeckenmaß:** 56" x 66" (140 x 165 cm)
**Gesamtzahl der Blöcke:** 25
**Blockgröße:** 10" x 12" (25 x 30 cm)
**Endbreite der Blockstreifen:** 1 1/4" (3 cm)
**Endbreite der Gitterstreifen:** 1" (2,5 cm)

**MATERIAL**

Alle Stoffe liegen 45" (115 cm) breit

**Mittelrechteck (zwei verschiedene Baumwollstoffe):** zweimal 1/3 yard (30 cm)
**Dunkle und helle Streifen (vier verschiedene Baumwollstoffe:** zwei helle, zwei dunkle): viermal 1 3/4 yards (1,75 m)
**Rand-/Gitterstreifen zum Verbinden der Blöcke (in einer Farbe, die zu beiden Seiten paßt):** 2 yards (2 m)

## FARBMUSTERPLAN

Hilfreich ist ein einfacher Farbmusterplan, den Sie wie folgt anfertigen:

*1* Ein Blatt Papier (DIN A4 genügt) mit einer Bleistiftlinie in zwei Hälften unterteilen. Die eine stellt die Vorderseite und die andere die Rückseite der Decke dar.

*2* Von jedem Stoff ein kleines Musterquadrat abschneiden und auf die zugehörige Kartenseite kleben (mit Fotokleber). Wählen Sie das Farbschema für die Vorder- und für die Rückseite, und kennzeichnen Sie die Stoffteile entsprechend:

**VORDERSEITE**
Mitte
heller Streifen A
dunkler Streifen B
Gitter/Umrandung

*3* Wiederholen Sie den Vorgang für die Rückseite.

**RÜCKSEITE**
Mitte
heller Streifen C
dunkler Streifen D
Gitter/Umrandung

## ZUSCHNEIDEN

*1* Die beiden Stoffe für die Mittelrechtecke links auf links aufeinanderlegen und in 25 Rechteckpaare von 2 1/2" x 4 1/2" (8,5 x 13,5 cm) Größe zerschneiden. Die Paare mit der rechten Seite nach oben zusammen lassen.

*2* Den Stoff für die Streifen schnittkantengleich falten, dann noch einmal so zur Hälfte, daß der Stoffbruch auf den Schnittkanten liegt. Aus dem gefalteten Stoff parallel zu den Webkanten 1 3/4" (4,5 cm) breite Streifen schneiden. Beim Zuschneiden die Webkanten nicht dazunehmen, da sie dichter gewebt sind und beim Waschen eventuell so einlaufen, daß sich die Arbeit verzieht.
**Achtung:** Die Streifen könnten auch über die Stoffbreite geschnitten werden. Je nach Stoff besteht aber die Gefahr, daß sie sich dehnen und ihre Maße verändern.

*3* Aus dem Stoff für das Gitter der Länge nach 1 1/2" (4 cm) breite Streifen schneiden.

## NÄHEN

Fertigen Sie zunächst einen Probemusterblock an, um sich mit der Vorgehensweise und der erforderlichen Genauigkeit vertraut zu machen. Danach wird Ihnen das Zusammensetzen der Blöcke so leicht von der Hand gehen, daß Sie im Kettennähverfahren vier oder mehr Blöcke gleichzeitig nähen können. Dabei immer von der Blockvorderseite aus arbeiten, da die richtige Anordnung der vorderen und hinteren Stoffteile dann leichter fällt. Vorlage beachten (Abb. 1).

1

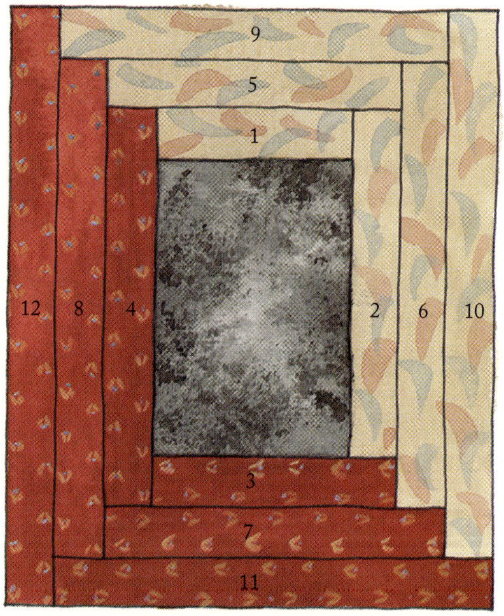


### Probemusterblock zusammensetzen

*1* Ein Paar Mittelrechtecke links auf links mit dem Vorderseitenstoff oben aufeinanderlegen.

*2* Für Reihe 1 das erste helle Streifenpaar rechts auf rechts, A oben, C unten, an einer kurzen Kante des Mittelstücks auflegen. Schließen die Kanten aller vier Lagen bündig ab, diese mit einer Nahtzugabe von 1/4" (6 mm) aufeinandernähen (Abb. 2).

2

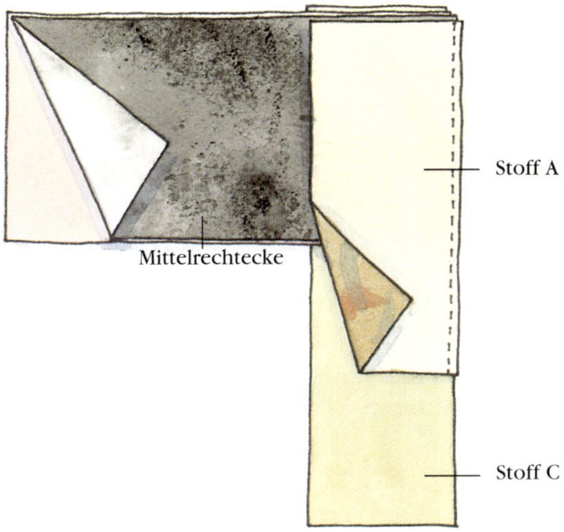


*3* Nahtzugaben sorgfältig und immer einzeln bügeln, um zu vermeiden, daß sich auf den unteren Streifen ungewollte Falten bilden. Wie folgt vorgehen: obere Nahtzugabe vom Mittelrechteck weg bügeln, Arbeit wenden und rückwärtige Nahtzugabe von der Mitte weg bügeln.
**Achtung:** Die Schnittkanten sollten gerade sein.

*4* Die Maße zweimal überprüfen, dann mit Hilfe von Lineal und Rollschneider überschüssigen Stoff abschneiden. Der eingenähte Streifen sollte nun 1 1/2" (4 cm) breit sein.

*5* Im Uhrzeigersinn weiterarbeiten und für Reihe 2 (Reihe 1 liegt oben) die hellen Streifen A und C an der langen Rechteckkante ansetzen (Abb. 3). Sorgfältig bügeln und die Maße genau überprüfen, erst dann zurückschneiden.

3

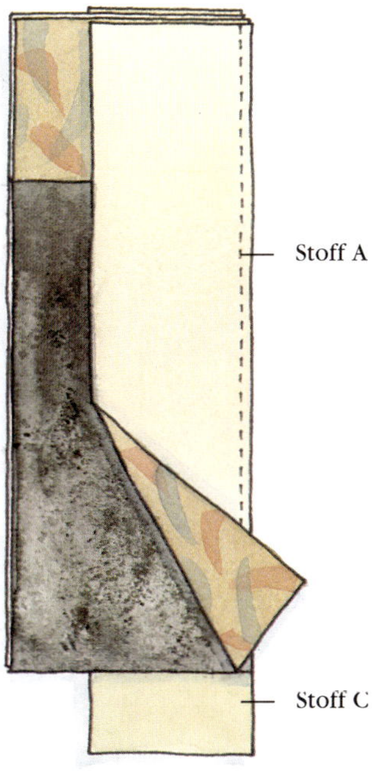


*6* Für Reihe 3 (Reihe 2 liegt oben) die dunklen Streifen B und D an die andere kurze Rechteckkante nähen (Abb. 4). Bügeln und kürzen.

4

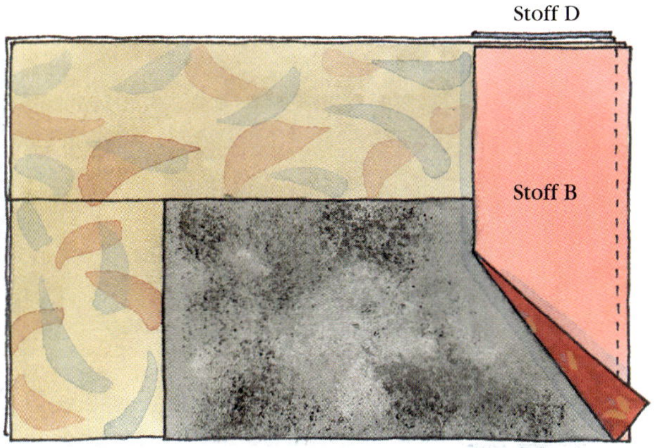


*7* Für Reihe 4 (Reihe 3 liegt oben) die dunklen Streifen B und D mit der anderen langen Kante verbinden (Abb. 5). Bügeln und kürzen.

5

*8* Vorgang in der gleichen Reihenfolge wiederholen, bis an jeder Rechteckseite drei Streifenreihen angesetzt sind. Der Probemusterblock ist somit fertig.

## Die übrigen 24 Blöcke zusammensetzen

*1* Sie können die Blöcke in einer Kette verbinden. Bedenken Sie jedoch, daß sich diese schnelle Methode nur dann bewährt, wenn die Stoffe genau in der richtigen Position und Farbfolge angeordnet sind! Vor dem Nähen daher noch einmal überprüfen, ob die Streifen auf der Vorder- und Rückseite richtig liegen und ob helle und dunkle Stoffe in der korrekten Reihenfolge plaziert sind.

*2* Für Reihe 1 wie zuvor die hellen langen Streifen A und C an die kurze Kante des ersten Mittelrechteckpaars nähen. Den Faden nicht abschneiden, sondern die Nadel in den vier Lagen steckenlassen und den Nähfuß hochstellen.

*3* Nächstes Rechteckpaar nehmen, nur Streifen A (den obersten) anheben und das zweite Rechteckpaar so plazieren, daß die kurzen Kanten parallel zum unteren langen Streifen C verlaufen. Streifen A so auflegen, daß alle Schnittkanten auf der rechten Seite bündig abschließen, dann nähen.

*4* Diesen Vorgang wiederholen, bis alle Mittelrechtecke mit der ersten Streifenreihe verbunden sind.

*5* Bügeln wie beim Probemusterblock beschrieben. Maße genau überprüfen und die Blöcke auseinanderschneiden.

*6* Für Reihe 2 (Reihe 1 liegt oben) helle lange Streifen A und C auf Vorder- und Rückseite des ersten Blockteils (das nun aus Mitte und Reihe 1 besteht) legen und aufsteppen. Diesen Vorgang wiederholen und alle Einheiten aneinanderreihen.

*7* Für die Reihen 3 und 4 auf die gleiche Weise die dunklen Streifen B und D mit den beiden noch nicht genähten Rechteckseiten verbinden. Ist die Streifenzahl gestiegen und jede Einheit größer geworden, können Sie nur noch wenige Blöcke gleichzeitig mit den einzelnen Streifen versehen.

*8* Auf diese Weise fortfahren, bis alle 25 Blöcke fertiggestellt sind.

## Blöcke mit den Gitterstreifen verbinden

*1* Blöcke auf einer großen Arbeitsfläche im Straight-Furrow-Muster anordnen (siehe Quiltplan).

*2* Wie folgt verbinden: Mit den senkrechten Gitterstreifen beginnen und von oben nach unten arbeiten. Blockreihenfolge genau einhalten. Den ersten Block (Nummer 1, oben links) so zwischen zwei Gitterstreifen legen, daß seine rechte lange Kante zwischen den Gitterstreifen plaziert ist und die rechten Stoffseiten aufeinanderliegen. Aufeinandernähen.

*3* Wie zuvor beschrieben den zweiten Block (Nummer 6) als nächstes Kettenglied folgen lassen.

*4* Auf diese Weise alle fünf Blöcke mit dem Gitterstreifen verbinden (Abb. 6).

**6**

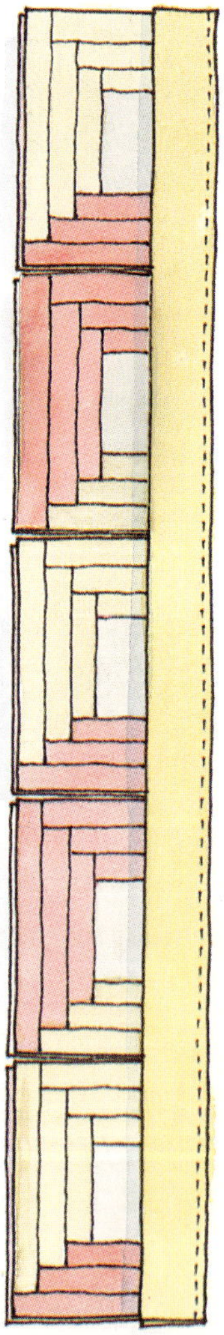

*5* Nach Beendigung der ersten Reihe die Nahtzugaben von den Blöcken weg bügeln. Die Einheiten auseinander- und notfalls zurückschneiden, damit die Kanten übereinstimmen. Blöcke nach dem Quiltplan positionieren. Die nächste Reihe wie zuvor von oben nach unten arbeiten. Dazu die nicht genähte Kante des oberen Gitterstreifens auf die linke lange Kante des ersten Blocks legen und durch alle drei Lagen (oberer Gitterstreifen + die beiden Lagen des Blocks ohne den unteren Gitterstreifen) zusammennähen. Die übrigen Blöcke in einer Kette daransetzen.

*6* Am unteren Gitterstreifen Nahtzugabe einschlagen und mit dem Daumennagel falzen. Heften und mit Zickzackstichen aufnähen. Garn passend zum Ober- und Unterstoff wählen oder auf der Oberseite mit unsichtbarem Faden arbeiten. Die Bruchlinie liegt auf der vorhergehenden Nahtlinie. Sie können auch von Hand mit Saumstichen nähen, brauchen dann aber mehr Zeit.

*7* Diesen Vorgang wiederholen, bis alle senkrechten Reihen, insgesamt fünf, an den langen Kanten mit Gitterstreifen verbunden sind.

*8* Vier waagerechte Gitterstreifen in folgender Länge zuschneiden:

Block-Endbreite x 5
+ Gitterstreifen-Endbreite x 4
+ Nahtzugabe x 2
= 54 1/2" (136,5 cm)

*9* Dann die waagerechten Reihen nach derselben Methode verbinden. Achten Sie darauf, daß die Blöcke auf einer Linie und alle Stofflagen absolut glatt liegen.

### RANDSTREIFEN ANFÜGEN

*1* Vier Seitenrandstreifen in folgender Länge zuschneiden:

Block-Endlänge x 5
+ Gitterstreifen-Endbreite x 4
+ Nahtzugabe x 2
= 64 1/2" (161,5 cm)

Die Breite der Streifen sollte wie zuvor 1 1/2" (4 cm) betragen.

*2* Je zwei Streifen rechts auf rechts an einer langen Kante zusammennähen.

*3* Auf die rechte Stoffseite wenden und die Naht glattbügeln.

*4* Doppelstreifen rechts auf rechts schnittkantengleich auf die Tischdecke legen und nur entlang der unteren langen Kante feststecken. Durch alle drei Lagen (zwei Tischdeckenlagen + eine Randstreifenlage) aufnähen.

*5* An der nicht genähten langen Kante Nahtzugabe einschlagen, mit dem Fingernagel falzen und wie zuvor aufnähen.

*6* Je zwei obere und untere Randstreifen in folgender Länge zuschneiden:

Block-Endbreite x 5
+ Gitterstreifen-Endbreite x 4
+ Seitenrandstreifen-Endbreite x 2
+ Nahtzugabe x 2
= 56 1/2" (141,5 cm)

Die Streifenbreite sollte ebenfalls 1 1/2" (4 cm) betragen.

*7* Je zwei Streifen rechts auf rechts entlang den beiden kurzen Kanten und einer langen Kante zusammennähen. An der anderen langen Kante offenlassen (Abb.7). Anschließend die Streifen auf rechts wenden und die Naht glattbügeln.

7

*8* Doppelstreifen rechts auf rechts an den Tischdeckenenden feststecken und wie bei den Seitenrandstreifen aufnähen (zwei Tischdeckenlagen + eine Randstreifenlage).

*9* An den nicht genähten Kanten der beiden Streifen wie zuvor Nahtzugabe einschlagen und falzen, dann heften und aufsteppen.

# *Schnelle Streifen*

ANNE WALKER

*Das Aneinandernähen von Streifen ist eine der schnellsten und einfachsten Patchworktechniken und gibt Ihnen zudem Gelegenheit, mit Farben zu experimentieren. Sie erhalten dabei einen guten Einstieg in das Arbeiten mit dem Rollschneider, da keine schwierigen Winkel zu bewältigen sind, und Sie üben gerade Nähte auf der Maschine.*
*Ich habe vier traditionelle Muster ausgewählt: Zwei bestehen aus Blöcken, die aus bereits verbundenen Streifen geschnitten werden. Das dritte Muster setzt sich aus langen Streifen zusammen, die während des Blocknähens zerschnitten werden, und beim vierten, das sich für dekorative Quiltmuster besonders eignet, verbindet man lange Streifen. Das fünfte Projekt, der Bargello-Quilt, besteht ebenfalls aus zusammengesetzten und anschließend zerschnittenen Streifen. Sie bilden, wenn man sie wieder verbindet, die gesamte Quiltoberseite.*

# *Amish Bars*

Amische Frauen stellen solche Quilts für den häuslichen Gebrauch seit Generationen nach gleichem Muster her. Sie verwenden dazu traditionell einfarbige Stoffe, die den einfachen Lebensstil dieser Religionsgemeinschaft widerspiegeln. Der Reiz ihrer Arbeiten liegt in der kontrastierenden Folge von hellen und dunklen Stoffen. Die Quilts sind stets quadratisch und bewahren unabhängig von der Gesamtgröße die gleichen Proportionen:
Die sieben Blockstreifen des Mittelfeldes sind immer halb so breit wie die äußere Umrandung und doppelt so breit wie die innere. Der Quilt eignet sich gut als dekorativer Wandbehang oder Bettüberwurf.

**Quiltmaße:** 60" x 60" (150 x 150 cm)

**MATERIAL**
Alle für die Quiltoberseite verwendeten Stoffe liegen 45" (115 cm) breit.

**Schwarzer Stoff:** 2 yards (2 m)
**Helle Blockstreifen:** 1/2 yard (50 cm)
**Innerer Rand:** 1/2 yard (50 cm)
**Innere Eckquadrate:** 1/8 yard (10 cm)
**Äußere Eckquadrate:** 3/8 yard (40 cm)
**Rückseite und Einfassung:** 3 1/2 yards (3,50 m)
**Vlieseinlage:** 64" x 64" (160 x 160 cm)

*Diese Miniaturquilts zeigen deutlich, wie das Nebeneinander einfarbiger Stoffe in Hell-Dunkel-Abstufungen wirkt. Für alle Versionen wurden schwarze Block- und Randstreifen und dazu vier kräftige Farben gewählt, die teils unterschiedlich, teils Abstufungen einer Farbe sind. Die außerordentlich harmonische Zusammenstellung ist typisch für amische Muster. Man beachte, wie die hellen Farbtöne verschiedene Teile des Musters hervorheben.*

## ZUSCHNEIDEN

*1* Aus dem schwarzen Stoff vier Streifen von 10 1/2" x 40 1/2" (31,5 x 121,5 cm) Größe für die äußere Umrandung und vier Streifen von 5 1/2" x 35 1/2" (16,5 x 106,5 cm) Größe für die Blockstreifen schneiden.

*2* Aus dem hellen Blockstreifenstoff drei 5 1/2" x 35 1/2" (16,5 x 106,5 cm) große Streifen schneiden.

*3* Aus dem Stoff für die innere Umrandung vier 3" x 35 1/2" (9 x 106,5 cm) große Streifen schneiden.

*4* Für die inneren Eckquadrate brauchen Sie vier Stoffstücke mit den Maßen 3" x 3" (9 x 9 cm).

*5* Für die äußeren Eckquadrate brauchen Sie vier 10 1/2" x 10 1/2" (31,5 x 31,5 cm) große Stücke.

*6* Den Rückseitenstoff halbieren und die Hälften zu einem Rechteck von 64" x 90" (160 x 230 cm) zusammensetzen. Von diesem Rechteck ein Quadrat mit 64" (160 cm) Seitenlänge abschneiden.

*7* Für die Einfassung 2 1/2 (6 cm) breite Streifen schneiden.

## NÄHEN

*1* Die sieben Streifen für das Innenfeld folgendermaßen anordnen: Schwarz - Hell - Schwarz - Hell - Schwarz - Hell - Schwarz.

*2* Helle Streifen nach links auf die dunklen klappen und paarweise bei genau 1/4" (6 mm) Nahtzugabe verbinden. Eine Kette aus drei Streifenpaaren bilden.

*3* Kette auseinanderschneiden und die zusammengenähten Paare in wechselnder Farbfolge verbinden.

*4* Den einzelnen schwarzen Streifen an der rechten Seite ergänzen, dann ist das Innenfeld fertig.

## RANDSTREIFEN ANFÜGEN

*1* An beiden Seiten einen inneren Randstreifen ansetzen und alle Nahtzugaben zu einem schwarzen Blockstreifen hin bügeln.

1

*2* An die Enden der beiden anderen inneren Randstreifen je ein Quadrat nähen und die Nahtzugaben zu den Quadraten hin bügeln.

*3* Diese Streifen an die Quiltober- und -unterkante stecken und nähen. Darauf achten, daß die Nahtkreuzungen übereinstimmen. Nahtzugaben zur Umrandung hin bügeln (Abb. 2).

2

*4* An beiden Seitenkanten einen äußeren Randstreifen ansetzen, Nahtzugaben zum Rand hin bügeln (Abb. 3).

**3**

*5* An die Enden der beiden anderen äußeren Randstreifen je ein Quadrat nähen und die Nahtzugaben zu den Quadraten hin bügeln.

*6* Diese Teile an Quiltober- und -unterkante ansetzen und die Nahtzugaben zur Umrandung hin bügeln.

## QUILT FERTIGSTELLEN

*1* Die Quiltoberseite kann nun mit einem Quiltmuster verziert werden. Auf der nächsten Seite finden Sie einfache Muster (Abb. 4 a, b, c und d), wie sie für diesen Quilt verwendet wurden. Sie können aber auch Ihre eigenen entwerfen und von Hand oder mit der Maschine quilten.

*2* Rückseite, Vlieseinlage und Oberseite aufeinanderlegen, dann die Lagen gitterförmig zusammenstecken und -heften.

*3* Von Hand oder mit der Maschine quilten.

*4* Ist das Quiltmuster fertig, Einfaßstreifen zur erforderlichen Länge aneinandernähen und den Quilt mit doppelt gelegter Einfassung versehen (siehe Seite 17).

**4a**

a

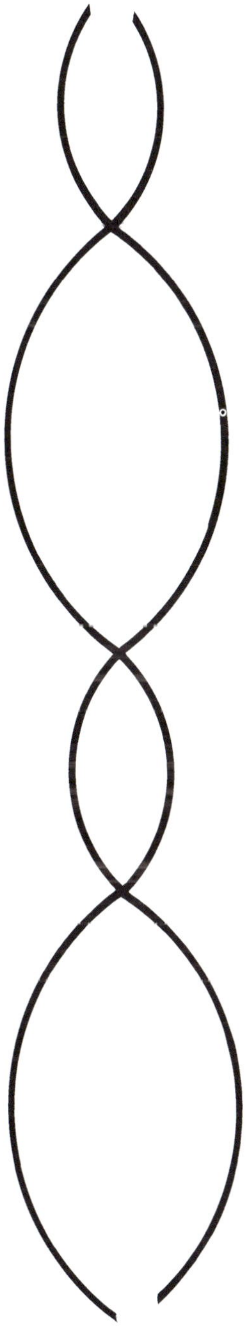

b

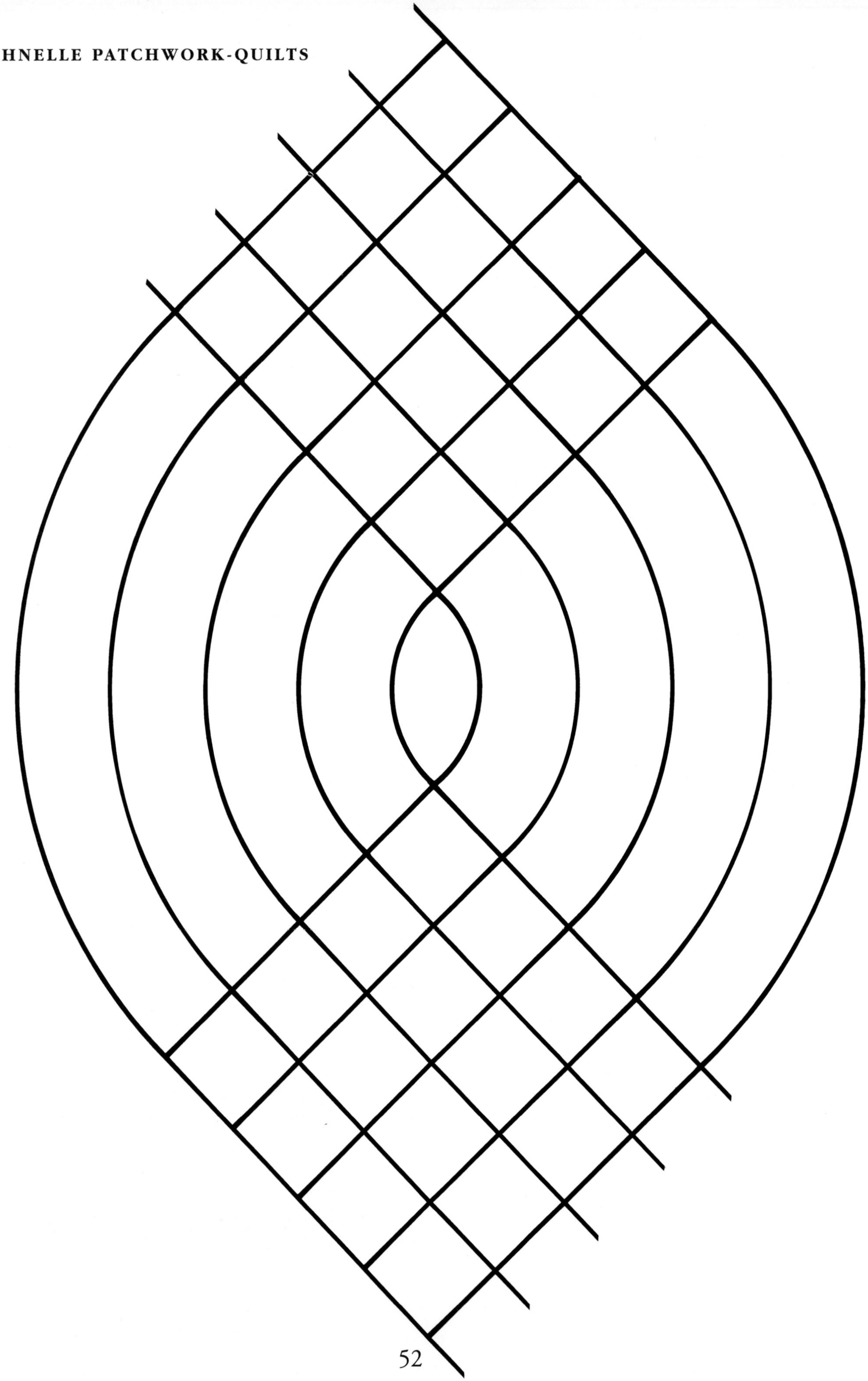

c

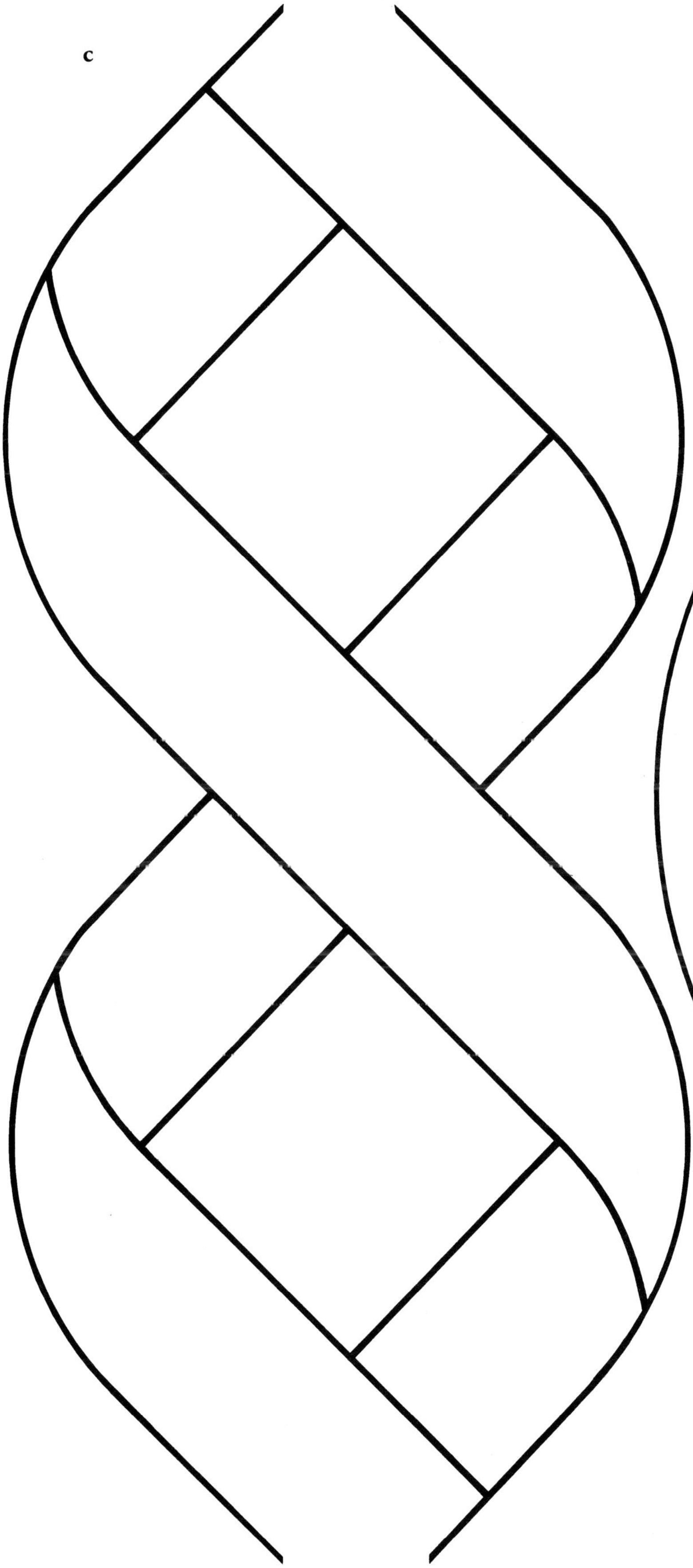

d

# *Triple Rail Fence*

Der Triple Rail Fence (dreifacher Eisenbahnzaun) gehört zu den leichtesten Blockmustern und wird aus Einheiten von je drei zusammengesetzten Streifen geschnitten. Dieser Quilt eignet sich hervorragend, wenn man sich mit der Rollschneidetechnik vertraut machen und das Zusammennähen der Stoffteile („patchen") auf der Maschine üben will. Er gibt eine kuschelige Kniedecke ab oder einen dekorativen Überwurf fürs Bett.

**Quiltmaße:** 48" x 57" (120 x 145 cm)

**MATERIAL**

Alle für diesen Quilt verwendeten Stoffe liegen 45" (115 cm) breit.

**Heller Stoff:** 3/4 yard (75 cm)
**Dunkler Stoff A:** 1/2 yard (50 cm)
**Dunkler Stoff B:** 1/2 yard (50 cm)
**Dunkler Stoff C:** 1/2 yard (50 cm)
**Mittlerer Stoff:** 1/2 yard (50 cm)
**Innerer Rand, Rückseite und Einfassung:** 3 yards (3 m)
**Vlieseinlage:** 50" x 60" (125 x 150 cm)

## ZUSCHNEIDEN

*1* Aus dem hellen Stoff 13 Streifen von 2" (5 cm) Breite schneiden.

*2* Aus allen dunklen Stoffen und aus dem mittleren acht 2" (5 cm) breite Streifen schneiden.

*3* Den Stoff für inneren Rand, Rückseite und Einfassung halbieren und zu einem Rechteck von 54" x 90" (135 x 230 cm) Größe verbinden. Nahtzugaben auseinanderbügeln.

*4* Davon ein Rechteck von 50" x 60" (125 x 150 cm) abschneiden und für die Rückseite beiseite legen.

*5* Aus dem Rest vier Streifen von 2" x 54" (5 x 135 cm) Größe schneiden sowie einen 5" (12,5 cm) breiten Streifen, von dem Sie vier Quadrate mit einer Seitenlänge von 5" (12,5 cm) abschneiden. Für die Einfassung 2 1/2" (6,5 cm) breite Streifen schneiden.

## NÄHEN

Bei diesem Quilt werden zwei leicht unterschiedliche Blöcke, Anordnung 1 und 2, kombiniert (Abb. 1).

1

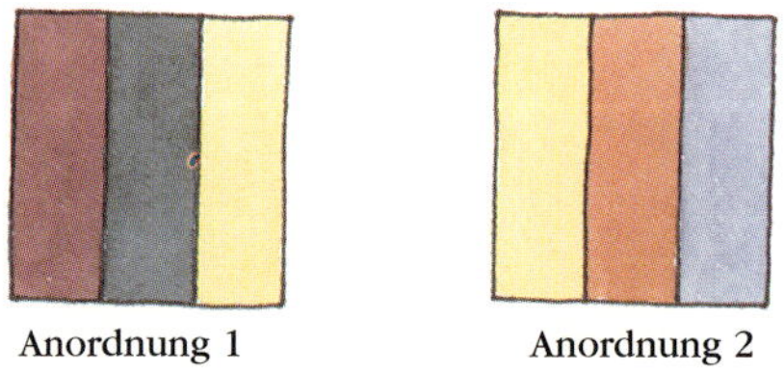


### Anordnung 1

*1* Fünf Einheiten aus Streifen in folgender Anordnung mit der rechten Seite nach oben legen: Dunkel A - Dunkel B - Hell.

*2* B rechts auf rechts auf A klappen und 1/4" (6 mm) breit zusammensteppen. Alle A- und B-Einheiten in einer Kette aneinandernähen. Fäden nicht durchtrennen (Abb. 2).

*3* A und B auseinanderklappen und die hellen Streifen in einer Kette an B ansetzen (Abb. 3).

2

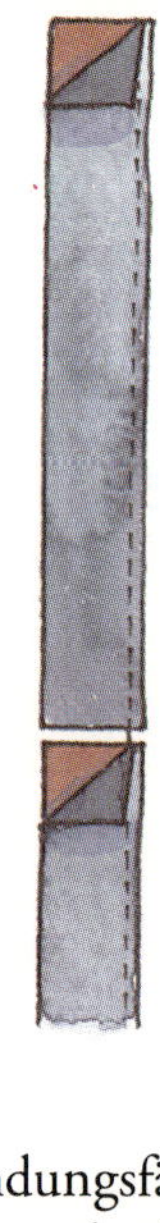

3

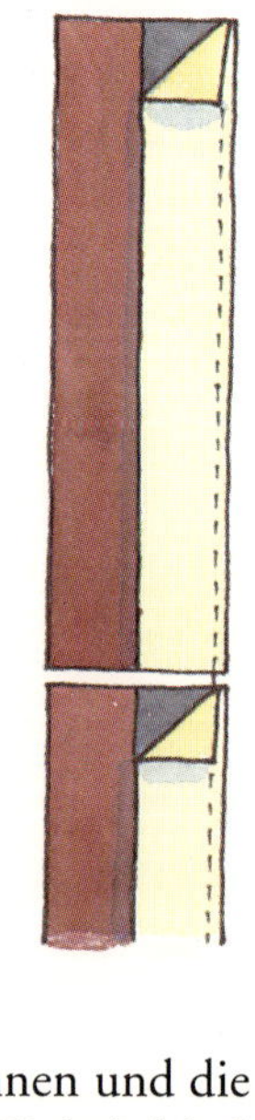

*4* Verbindungsfäden durchtrennen und die Nahtzugaben zur dunklen Seite der Einheit hin bügeln. Anschließend die Einheiten von beiden Seiten glattbügeln.

*5* Einheiten von Schnittkante zu Schnittkante über die Mitte messen.

*6* Nach diesem Maß die Einheiten in Quadrate zerschneiden; Sie brauchen 40 davon.

**Anordnung 2**

*1* Fünf Einheiten in der Anordnung Hell – Mittel – Dunkel C mit der rechten Seite nach oben legen.

*2* Wie zuvor zusammennähen.

*3* Bügeln, ausmessen und in Quadrate zerschneiden. Sie brauchen wieder 40.

### AUFBAU DER QUILTOBERSEITE

*1* Blöcke nach Quiltplan anordnen.

*2* Blöcke zu Querreihen zusammennähen. Nahtzugaben zu den Blöcken mit senkrechten Streifen hin bügeln.

*3* Auf diese Weise zehn Reihen arbeiten und diese dann so miteinander verbinden, daß die Nahtlinien genau übereinstimmen. Nahtzugaben in eine Richtung bügeln.

### RANDSTREIFEN ANFÜGEN

*1* Die Breite der Quiltoberseite quer über die Mitte ausmessen. Zwei Randstreifen entsprechend zuschneiden und an Ober- und Unterkante von der Mitte zu den Seiten hin feststecken. Aufsteppen und die Nahtzugaben zum Rand hin bügeln.

*2* Die Länge der Oberseite längs über die Mitte ausmessen. Die beiden übrigen Randstreifen entsprechend zuschneiden und an den Seitenkanten von der Mitte aus feststecken. Annähen und die Nahtzugaben zum Rand hin bügeln.

*3* Die übrigen Streifen des Blockstoffs zu Fünfer-Einheiten in beliebiger Anordnung verbinden.

*4* Nahtzugaben in eine Richtung bügeln. Einheiten in 5" (12,5 cm) breite Querstreifen schneiden. Diese zu zwei Randstreifen mit je 26 schmalen Streifen und zu zwei mit je 32 schmalen Streifen zusammennähen. Eventuell überzählige Teile entfernen. Alle Nahtzugaben in eine Richtung bügeln.

*5* An beide Seitenkanten von der Mitte aus die längeren Randstreifen stecken und bei 1/4" (6 mm) Nahtzugabe nähen. Nahtzugabe zum inneren Rand hin bügeln.

*6* Die Enden der kürzeren Randstreifen mit einem 5" (12,5 cm)-Quadrat verbinden. Nahtzugaben zu den Quadraten hin bügeln (Abb. 4).

4

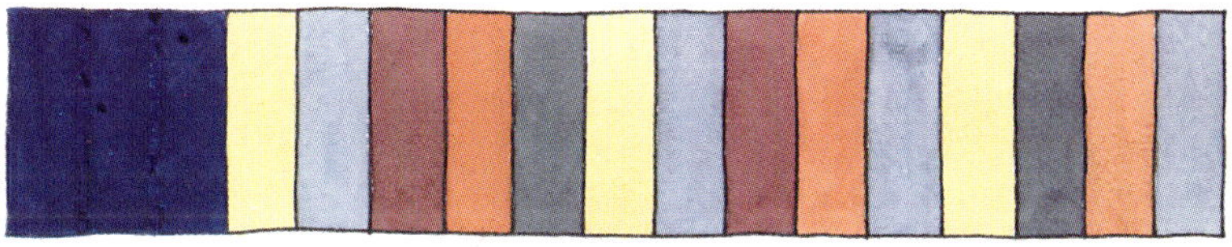

*7* Diese Streifen von der Mitte aus an die Quiltober- und unterkante stecken. So aufnähen, daß die Ecknähte übereinstimmen. Nahtzugaben zum inneren Rand hin bügeln.

### QUILT FERTIGSTELLEN

*1* Rückseite, Vlieseinlage und Oberseite aufeinanderlegen und von der Mitte aus zu den Seiten hin gitterförmig zusammenstecken und -nähen (siehe Seite 14).

*2* In einem Muster Ihrer Wahl quilten. Hier wurde mit der Maschine entlang den Blocknahtlinien in der Naht gequiltet.

*3* Ist das Quiltmuster fertig, die Streifen für die Einfassung auf die erforderliche Länge zusammennähen und den Quilt mit einer doppelt gelegten Einfassung versehen (siehe Seite 17).

# *Log-Cabin-Variation*

Dieser kuschelige Quilt ist genau das richtige für trübsinnige, graue Regentage. Er wird im Courthouse-Steps-Muster (Stufen zum Gerichtsgebäude) gearbeitet, einer Variation des beliebten Log-Cabin-Patchworks.

**Quiltmaße:** 56" x 56" (140 x 140 cm)

**MATERIAL**
Alle für die Quiltoberseite verwendeten Stoffe liegen 45" (115 cm) breit.

**Mittelquadrate:** 1/4 yard (25 cm)
**Grüne „Stufen" (fünf verschiedene Farbtöne):** je 1/2 yard (50 cm)
**Gelborangefarbene „Stufen" (fünf verschiedene Farbtöne):** je 1/2 yard (50 cm)
**Rückseite und Rand:** 3 1/2 yards (3,50 m)
**Einfassung:** 1/2 yard (50 cm)
**Vlieseinlage:** 60" x 60" (150 x 150 cm)

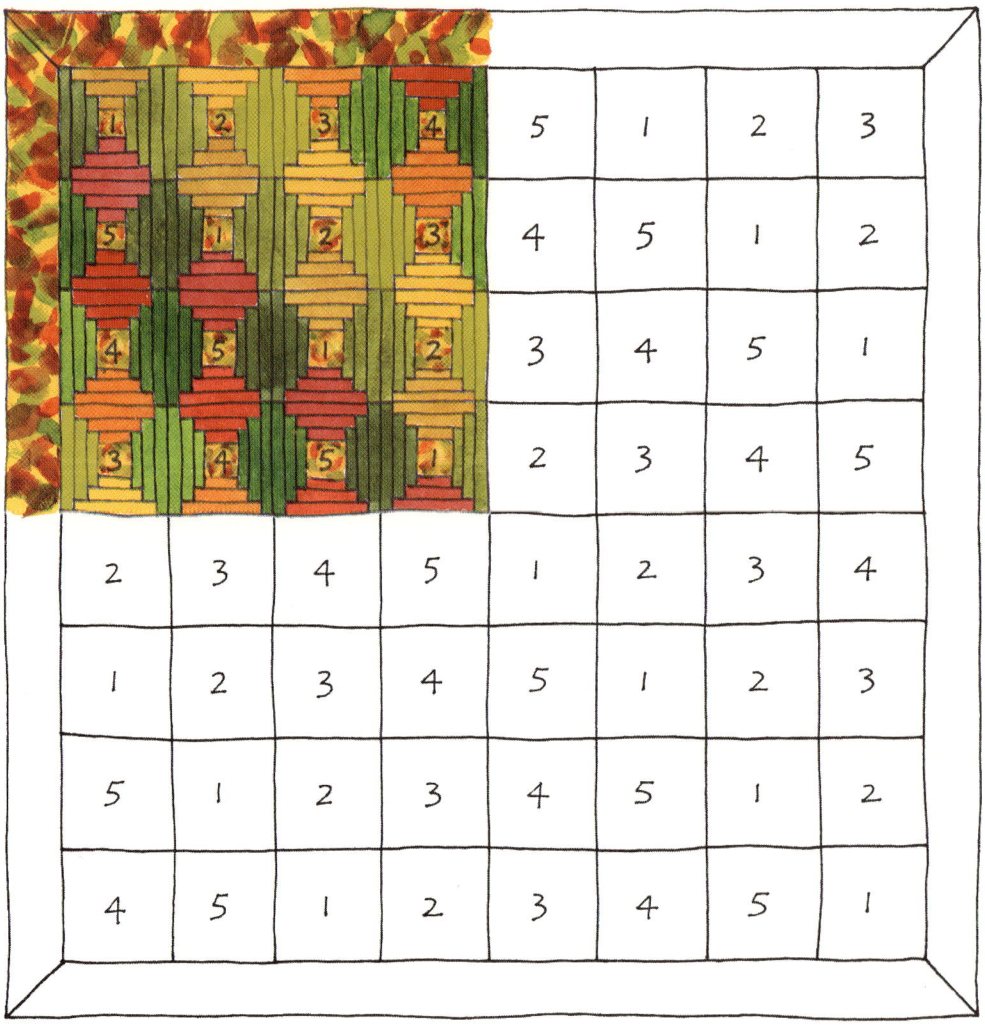

## ZUSCHNEIDEN

*1* Für die Mittelquadrate aus vier 2" (5 cm) breiten Streifen 64 Quadrate schneiden.

*2* Alle Stoffe für die „Stufen" in 1 1/4" (3 cm) breite Streifen schneiden.

*3* Den Stoff für die Rückseite halbieren und zu einem Rechteck von 63" x 90" (158 x 230 cm) verbinden. Nahtzugaben auseinanderbügeln. Ein Quadrat mit 60" (150 cm) Seitenlänge zuschneiden.

*4* Aus dem übrigen Stoff vier Streifen von 4 1/2" x 63" (11,5 x 158 cm) schneiden.

*5* Für die Einfassung 2 1/4" (6 cm) breite Streifen schneiden.

## NÄHEN

Die grünen Stoffe mit den Zahlen 1 bis 5 und die gelborangefarbenen mit den Buchstaben A bis E kennzeichnen. Der Quilt ist aus fünf verschiedenen Blöcken aufgebaut (Abb. 1).

1

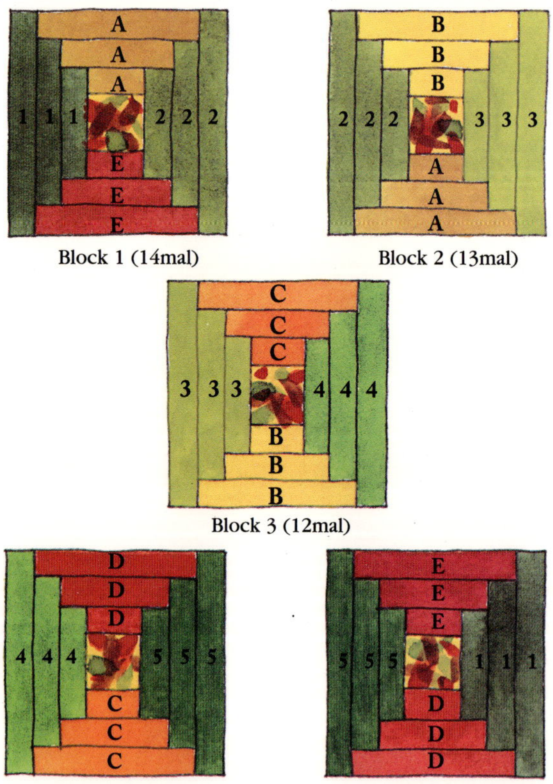


Block 1 (14mal)

Block 2 (13mal)

Block 3 (12mal)

Block 4 (12mal)

Block 5 (13mal)

### Block 1

*1* Einen A-Streifen mit der rechten Seite nach oben unter den Nähfuß schieben. Ein Mittelquadrat mit der rechten Seite nach unten schnittkantengleich darauflegen und 1/4" (6 mm) breit aufnähen. Auf diese Weise insgesamt 14 Mittelquadrate in einer Kette auf den Streifen nähen (Abb. 2). Nahtzugaben zum Streifen hin bügeln und die Teile auseinanderschneiden. Darauf achten, daß die Kanten sauber abschließen, gegebenenfalls anpassen (Abb. 3).

2

3

*2* Einen E-Streifen unter den Nähfuß legen und die Einheiten wie zuvor in einer Kette aufnähen (Abb. 4). Nahtzugaben zum Streifen hin bügeln. Die Teile wieder auseinanderschneiden, gegebenenfalls anpassen.

4

*3* Einen Streifen Nr. 1 unter den Nähfuß legen und die Einheiten rechts auf rechts in einer Kette aufnähen (Abb. 5). Nahtzugaben zum Streifen hin bügeln. Teile auseinanderschneiden und anpassen.

5

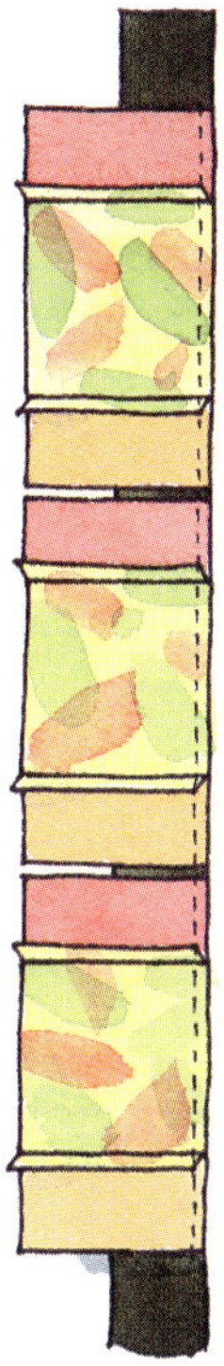

6

*4* Einen Streifen Nr. 2 unter den Nähfuß legen und die Einheiten rechts auf rechts in einer Kette aufnähen (Abb. 6). Nahtzugaben zum Streifen hin bügeln. Auseinanderschneiden und eventuell anpassen.

*5* Schritte 1 bis 4 zweimal wiederholen, dann ist der Block fertig (Abb. 7).

7

**Block 2 bis 5**
Auf die gleiche Weise die übrigen Blöcke nähen. Für die Stoffreihenfolge orientieren Sie sich an der Mustervorlage (Abb. 1). Die Blöcke von 1 bis 5 durchnumerieren.

## QUILTOBERSEITE ZUSAMMENSETZEN

*1* Blöcke nach dem Quiltplan anordnen und zu Querreihen verbinden. Nahtzugaben bei den ungeraden Reihen nach links, bei den geraden nach rechts bügeln.

*2* Querreihen so zusammenstecken und -nähen, daß die Nahtlinien genau übereinstimmen. Alle Nahtzugaben in eine Richtung bügeln.

## RANDSTREIFEN ANFÜGEN

*1* Oberseite quer über die Mitte messen. Die Mitte eines Randstreifens mit einer Stecknadel markieren. Von diesem Punkt aus die halbe Quiltbreite abmessen.

*2* Den Streifen mit Hilfe dieser Markierungen an einer Quiltseite aufnähen. Dabei 1/4" (6 mm) von der Ecke entfernt beginnen und enden. Auf die gleiche Weise die anderen drei Randstreifen ansetzen.

*3* Nahtzugaben zum Rand hin bügeln. Diagonale Ecken arbeiten (siehe Seite 12).

## QUILT FERTIGSTELLEN

*1* Rückseite, Vlieseinlage und Oberseite aufeinanderlegen und von der Mitte aus gitterförmig zusammenstecken und -heften.

*2* In einem Muster Ihrer Wahl quilten. Ich hatte auf der Maschine gitterförmig über den Quilt diagonale Stepplinien entlang den Nahtlinien der „Stufen" gearbeitet.

*3* Einfaßstreifen verbinden und den Quilt mit einer doppelt gelegten Einfassung versehen (siehe Seite 17).

# *Roman Stripes*

Beim folgenden Projekt handelt es sich ebenfalls um ein typisches Beispiel für die amische Quiltkunst. Es eignet sich als Kniedecke oder als Überwurf für ein Einzelbett. Die einfarbige Hälfte des Blocks wird am besten in Schwarz oder Marineblau angelegt. Das bringt die anderen Farben gut zur Geltung.

**Quiltmaße:** 60" x 60" (150 x 150 cm)

## MATERIAL

Alle für die Quiltoberseite verarbeiteten Stoffe liegen 45" (115 cm) breit.
**Fünf verschiedene Stoffe für Streifen:** je 1/2 yard (50 cm)
**Innerer Rand (aus einem der Stoffe für die Streifen):** 3/4 yard (75 cm)
**Äußerer Rand/Rückseite/Einfassung:** 4 yards (4 m)
**Dunkler Stoff:** 2 yards (2 m)
**Vlieseinlage:** 64" x 64" (160 x 160 cm)

## ZUSCHNEIDEN

*1* Aus jedem der fünf Stoffe für die Streifen acht 1 3/4" (4,5 cm) breite Stücke schneiden.

*2* Aus dem Stoff für den inneren Rand acht 2 1/2" (6,5 cm) breite Streifen schneiden.

*3* Vom Rückseitenstoff 1/2 yard (50 cm) für die Einfassung abschneiden und daraus 2 1/4" (6 cm) breite Streifen schneiden.

*4* Den übrigen Stoff halbieren und die Hälften zu einem Rechteck von 64" x 90" (160 x 230 cm) verbinden. Davon ein Quadrat mit einer Kantenlänge von 64" (160 cm) für die Rückseite abtrennen.

*5* Aus dem Rest vier Streifen von 4 1/2" x 64" (12 x 160 cm) für den äußeren Rand schneiden.

## NÄHEN

### Streifeneinheiten arbeiten

Das Muster umfaßt zwei Blöcke aus je einem gestreiften und einem einfarbigen dunklen Dreieck (Abb. 1). Beide werden auf die gleiche Weise gearbeitet.

1

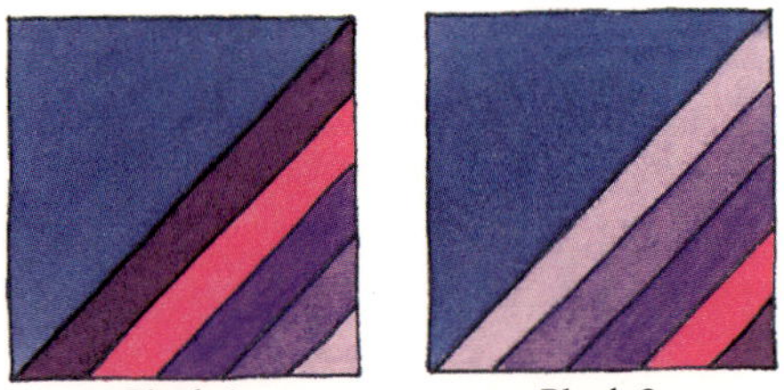


*1* Für die gestreifte Hälfte Stapel aus je fünf Streifen in der gewünschten Farbfolge bilden. Da die beiden äußeren Farben dominieren, plazieren Sie hier am besten Ihre Lieblingsfarben.

*2* Den zweiten Streifen rechts auf rechts auf den ersten legen und der Länge nach 1/4" (6 mm) breit zusammennähen. Auf diese Weise alle zweiten Streifen in einer Kette mit den ersten verbinden (Abb. 2 ).

*3* Streifenkette aufklappen. Den dritten Streifen rechts auf rechts auf den zweiten legen und wie zuvor in einer Kette zusammennähen (Abb. 3).

2

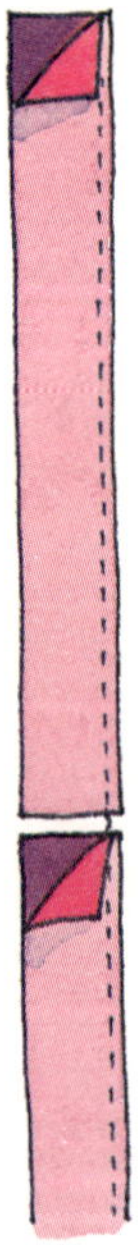

3

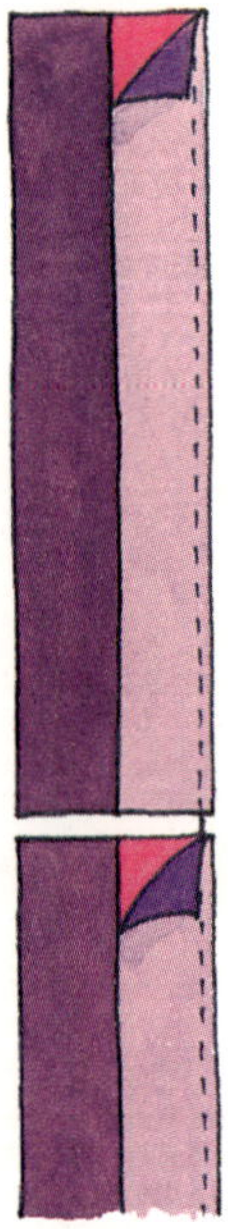

*4* Auf die gleiche Weise wie oben beschrieben den vierten und fünften Streifen ergänzen. Verbindungsfäden durchtrennen.

*5* Alle Nahtzugaben in eine Richtung bügeln. Von rechts und von links bügeln, damit die Einheiten absolut glatt sind.

*6* Auf links von Schnittkante zu Schnittkante die Breite der fertigen Einheit messen. Mehrere Einheiten an unterschiedlichen Stellen messen und eine Durchschnittsbreite ermitteln.

### Dunkle Hälfte ergänzen

*1* Aus dem dunklen Stoff acht Streifen in der ermittelten Breite schneiden.

*2* Einen dunklen Streifen rechts auf rechts auf eine gestreifte Einheit legen. An den Außenkanten zusammenstecken und 1/4"(6 mm) breit aufeinandersteppen. Bei allen acht Einheiten einen dunklen Streifen annähen.

4

### Blöcke zuschneiden

*1* Eine fertige Einheit mit den Streifen nach unten auf die Schneidematte legen. Eine zweite so auflegen, daß die Farbfolge umgekehrt ist (Abb. 5).

5

*2* Die 45°-Linie eines Lineals von 6" x 24" (15 x 60 cm) Länge an der geraden Oberkante der Einheiten anlegen. Die Linealkante auf der rechten Streifenkante plazieren und den Rollschneider an dieser Kante entlangziehen (Abb. 6).

*3* Das Lineal so drehen, daß die andere 45°-Linie mit der Oberkante übereinstimmt und die Linealkante auf die Spitze der Schnittlinie trifft. Am Lineal entlangschneiden (Abb. 7).

6

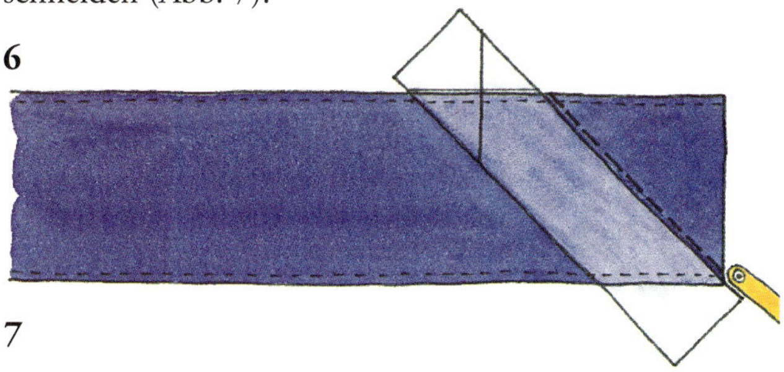

7

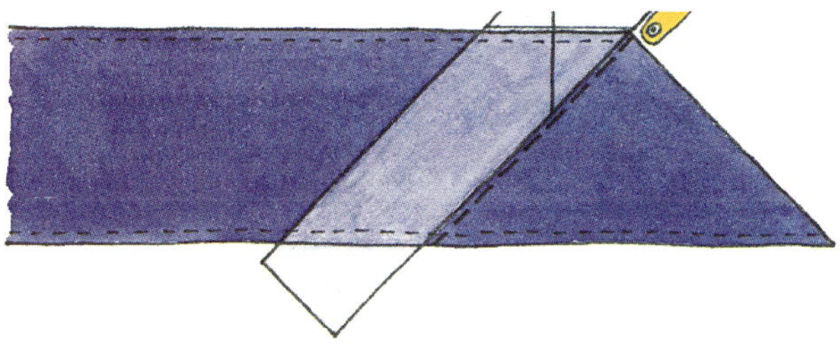

*4* Das Lineal auf diese Weise weiter drehen, anlegen und schneiden. Pro Streifen ergeben sich sechs Schnitte (Abb. 8). Ebenso die übrigen sechs Einheiten zusammenstellen, aufeinanderlegen und zuschneiden.

**8**

*5* Die wenigen Stiche an den Dreieckspitzen auftrennen. Nahtzugaben zur dunklen Blockseite hin bügeln und die Spitzen zurückschneiden.

## QUILTOBERSEITE FERTIGSTELLEN

*1* Blöcke nach dem Quiltplan im Pinwheel-Muster anordnen.

*2* Alle Querreihen zusammennähen. Nahtzugaben bei den ungeraden Reihen nach links, bei den geraden nach rechts bügeln. Reihen so zusammennähen, daß die Nahtlinien, wo nötig, übereinstimmen. Alle Nahtzugaben in eine Richtung bügeln.

## RANDSTREIFEN ANFÜGEN

*1* Die Streifen für den inneren Rand paarweise zusammennähen. Nahtzugaben auseinanderbügeln.

*2* Die Quiltoberseite quer über die Mitte ausmessen. Bei jedem Randstreifen von der Mittelnaht aus die Hälfte dieses Maßes abstecken.

*3* Randstreifen mit der Quiltoberseite verbinden (siehe Seite 61) und diagonale Ecken arbeiten (siehe Seite 12).

## QUILT FERTIGSTELLEN

*1* Rückseite, Vlies und Oberseite aufeinanderlegen, von der Mitte aus gitterförmig zusammenstecken und -heften.

*2* In einem Muster Ihrer Wahl quilten. Ich hatte mich hier für das Konturquilten entschieden.

*3* Nach dem Quilten Einfaßstreifen zur erforderlichen Länge verbinden und eine doppelt gelegte Einfassung arbeiten (siehe Seite 17).

## ALTERNATIVE GRÖSSEN

Sie können den Quilt im Pinwheel-Muster problemlos vergrößern, indem Sie zwei Blöcke in der Breite und zwei in der Länge ergänzen. Die Kantenlänge des Quilts beträgt dann 90" (230 cm), passend für ein Doppelbett. 15 Einheiten arbeiten wie auf Seite 64 beschrieben.

Stoffbedarf
**Fünf verschiedene Stoffe für Streifen:** je 1 yard (1 m)
**Innerer Rand (aus einem der Stoffe für Streifen):** 1 1/8 yards (112 cm)
**Äußerer Rand/Rückseite/Einfassung:** 6 1/2 yards (6,50 m)
**Dunkler Stoff:** 4 yards (4 m)
**Vlieseinlage:** 95" x 95" (240 x 240 cm)

Wenn Sie drei Blöcke in der Weite und drei in der Länge ergänzen, erhalten Sie ein Maß von 104" x 104" (260 x 260 cm), passend für ein großes Doppelbett. 20 Einheiten arbeiten wie auf Seite 64 beschrieben.

Stoffbedarf
**Fünf verschiedene Stoffe für Streifen:** je 1 1/4 yards (125 cm)
**Innerer Rand (aus einem der Stoffe für Streifen):** 1 1/3 yards (135 cm)
**Äußerer Rand/Rückseite/Einfassung:** 10 yards (10 m)
**Dunkler Stoff:** 5 yards (5 m)
**Vlieseinlage:** 110" x 110" (275 x 275 cm)

# *Bargello-Quilt*

Bargello-Quilts sind eine modische Variante der gleichnamigen Wandteppiche. Das Muster basiert auf Techniken, die von den Seminolen-Indianern entwickelt wurden.

Bei der Stoffwahl dürfen Sie Ihrer Phantasie freien Lauf lassen. Der unten abgebildete Musterplan hat eine äußerst raffinierte Wirkung. Sobald Sie die Technik beherrschen, können Sie ähnliche Quilts ganz nach Ihren persönlichen Vorstellungen entwerfen. An der Wand aufgehängt, wird Ihr Quilt zu einem ausgesprochenen Blickfang.

**Quiltmaße:** 47" x 55" (120 x 140 cm)

**MATERIAL**

Alle für die Quiltoberseite verwendeten Stoffe liegen 45" (115 cm) breit.

**Zehn verschiedene Stoffe** (in Farbabstufungen von Hell bis Dunkel oder in zwei Farbrichtungen, eventuell mit Akzent auf den Schattierungen): je 1/2 yard (50 cm)
**Innerer Rand in einer Akzentfarbe** (am besten nach Fertigstellung des Zentrums wählen): 1/2 yard (50 cm)
**Äußerer Rand/Rückseite:** 3 1/4 yards (3,25 m)
**Einfassung** (darf eine Akzentfarbe sein): 1/2 yard (50 cm)
**Vlieseinlage:** 58" x 60" (145 x 150 cm)

## ZUSCHNEIDEN

*1* Die zehn Stoffe quer in fünf 2” (5 cm) breite Streifen schneiden.

*2* Aus dem Stoff für den inneren Rand 1 1/4” (3,5 cm) breite Streifen schneiden.

*3* Stoff für den äußeren Rand und die Rückseite halbieren und die Hälften zu einem Rechteck von 58” x 90” (145 x 230 cm) verbinden. Davon für die Rückseite ein Stück von 50” x 58” (125 x 145 cm) abtrennen. Aus dem Rest vier 4 1/2” x 58” (12 x 145 cm) große Streifen schneiden.

*4* Aus dem Einfassungsstoff mehrere 2 1/2” (6,5 cm) breite Streifen schneiden.

## NÄHEN

*1* Von jedem der zehn Stoffe einen Streifen nehmen und nach Wunsch anordnen.

*2* In Zehnergruppen bei genau 1/4” (6 mm) Nahtzugabe aneinandersteppen. Nahtzugaben in verschiedene Richtungen bügeln (Abb. 1).

**1**

*3* Die verbundenen Streifen nun senkrecht zu den Nahtlinien in folgende Streifen zerschneiden:

| Streifenbreite | Anzahl |
|---|---|
| 3” (7,5 cm) | 9 |
| 2” (5 cm) | 27 |
| 1 1/2” (4 cm) | 21 |
| 1 1/8” (3 cm) | 24 |
| 7/8” (2,5 cm) | 21 |

*4* Immer drei Streifen derselben Breite an den Enden verbinden (Abb. 2).

**2**

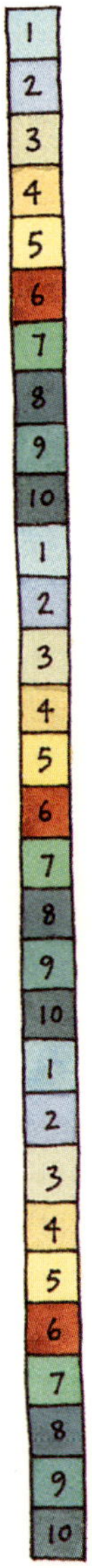


*5* Weitere Streifen auf die gleiche Weise zusammennähen, bis alle Teile 30 Einheiten lang sind. Die Streifenenden zu einem Kreis verbinden (Abb. 3).

**3**

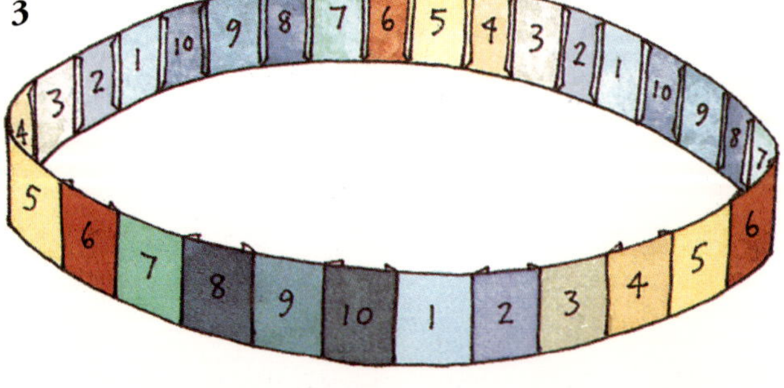

*6* Als nächstes die Kreise an den in der Tabelle angegebenen Stellen wieder zu Streifen auftrennen. Die neuen Streifen von links nach rechts in die angegebene Reihenfolge bringen. Der erste Streifen zeigt Stoff 5 am oberen und Stoff 4 am unteren Ende.

| | **Streifengröße** | **Oberster Stoff** | **Unterster Stoff** |
|---|---|---|---|
| Reihe 1 | 2" (5 cm) | 5 | 4 |
| Reihe 2 | 3" (7,5 cm) | 6 | 5 |
| Reihe 3 | 2" (5 cm) | 7 | 6 |
| Reihe 4 | 1 1/2" (4 cm) | 8 | 7 |
| Reihe 5 | 1 1/8" (3 cm) | 9 | 8 |
| Reihe 6 | 7/8" (2,5 cm) | 8 | 7 |
| Reihe 7 | 7/8" (2,5 cm) | 7 | 6 |
| Reihe 8 | 1 1/8" (3 cm) | 6 | 5 |
| Reihe 9 | 1 1/8" (3 cm) | 5 | 4 |
| Reihe 10 | 1 1/8" (3 cm) | 4 | 3 |
| Reihe 11 | 1 1/2" (4 cm) | 3 | 2 |
| Reihe 12 | 1 1/2" (4 cm) | 4 | 3 |
| Reihe 13 | 1 1/2" (4 cm) | 5 | 4 |
| Reihe 14 | 2" (5 cm) | 4 | 3 |
| Reihe 15 | 2" (5 cm) | 3 | 2 |
| Reihe 16 | 2" (5 cm) | 2 | 1 |
| Reihe 17 | 2" (5 cm) | 1 | 10 |
| Reihe 18 | 2" (5 cm) | 10 | 9 |
| Reihe 19 | 1 1/8" (3 cm) | 9 | 8 |
| Reihe 20 | 7/8" (2,5 cm) | 8 | 7 |
| Reihe 21 | 1 1/8" (3 cm) | 7 | 6 |
| Reihe 22 | 1 1/2" (4 cm) | 6 | 5 |
| Reihe 23 | 7/8" (2,5 cm) | 5 | 4 |
| Reihe 24 | 3" (7,5 cm) | 4 | 3 |
| Reihe 25 | 1 1/8" (3 cm) | 3 | 2 |
| Reihe 26 | 7/8" (2,5 cm) | 2 | 1 |
| Reihe 27 | 7/8" (2,5 cm) | 1 | 10 |
| Reihe 28 | 1 1/2" (4 cm) | 10 | 9 |
| Reihe 29 | 2" (5 cm) | 9 | 8 |
| Reihe 30 | 3" (7,5 cm) | 10 | 9 |
| Reihe 31 | 7/8" (2,5 cm) | 1 | 10 |
| Reihe 32 | 1 1/8" (3 cm) | 2 | 1 |
| Reihe 33 | 1 1/2" (4 cm) | 3 | 2 |
| Reihe 34 | 2" (5 cm) | 4 | 3 |

*7* Diese Streifen von links nach rechts so aneinandernähen, daß alle waagerechten Nahtlinien übereinstimmen. Nahtzugaben in eine Richtung bügeln.

## RANDSTREIFEN ANFÜGEN

*1* Die Länge des Quilts längs über die Mitte ausmessen und zwei Innenrandstreifen auf diese Länge bringen. Die Streifen an die Quiltseiten stecken. Dabei von der Mitte nach außen arbeiten. Aufnähen und die Nahtzugaben zum Rand hin bügeln.

*2* Die Breite des Quilts quer über die Mitte messen und die anderen beiden Innenrandstreifen auf diese Länge bringen. Die Streifen von der Mitte aus an die Quiltober- und -unterkante stecken. Aufnähen und die Nahtzugaben zur Umrandung hin bügeln.

*3* Erneut die Breite des Quilts quer über die Mitte messen. Ober- und Unterkantenmitte mit einer Stecknadel markieren. Bei zwei Außenrandstreifen ebenfalls die Mitte markieren sowie zwei Punkte auf der halben Breite rechts und links von der Mitte. Die Streifen so an die Quiltober- und -unterkante stecken, daß Mitte und Ecken mit den Markierungen übereinstimmen. Aufnähen, dabei 1/4" (6 mm) von der Ecke beginnen und enden.

*4* Die Länge des Quilts längs über die Mitte messen und auf die gleiche Weise die anderen beiden Außenrandstreifen ansetzen. Alle Nahtzugaben zur Umrandung hin bügeln. Diagonale Ecken arbeiten wie auf Seite 12 beschrieben.

## QUILT FERTIGSTELLEN

*1* Rückseite, Vlieseinlage und Oberseite aufeinanderlegen und von der Mitte aus zu den Seiten hin gitterförmig zusammenstecken und -heften.

*2* In einem Muster Ihrer Wahl quilten.

*3* Nach dem Quilten die Einfaßstreifen zur erforderlichen Länge aneinandernähen und eine doppelt gelegte Einfassung arbeiten (siehe Seite 17).

# *Freies Patchen*

COLIN BRANDI

*Diese später als Freies Patchen (Liberated Piecing) bekannt gewordene Technik habe ich vor einigen Jahren entwickelt, als ich nach einer Möglichkeit suchte, ohne die von Schablonen ausgehenden Beschränkungen mit dem Stoff zu arbeiten. Ich suche vor Arbeitsbeginn zwar die Stoffe nach Farbe und Muster aus und habe auch eine Grundvorstellung vom späteren Muster, doch das endgültige Bild entwickelt sich erst während des Zuschneidens und Nähens. Dieser Prozeß kann sich vielleicht mehrmals wiederholen, bevor ich mit Hilfe einer Fensterschablone die Wahl für einen Musterbereich treffe. In mancher Hinsicht läßt sich diese Art zu arbeiten eher mit dem Malen eines Bildesvergleichen als mit konventioneller Quiltherstellung. Bei den folgenden Entwürfen habe ich meine übliche Arbeitsweise aus Gründen des besseren Verständnisses vereinfachen müssen, die Grundtechniken und -regeln werden jedoch trotzdem deutlich.*

# *Sterne in Crazy Patchwork*

Das lebendige Muster dieser großen Sofa- oder Bettdecke basiert auf einem einfachen Schneide- und Nähvorgang. Dabei wird nur mit drei Stoffen gearbeitet, deren sorgfältige Farbwahl für raffinierte Effekte sorgt. Der aus vielen unregelmäßigen Teilen bestehende Rand macht deutlich, welch aufregende Muster und Farbkombinationen beim freien Zusammensetzen entstehen können.

Der unten abgebildete Quiltplan sowie die folgenden Vorlagen zeigen den Aufbau der Blöcke. Ihr Quilt wird jedoch immer ein Unikat sein.

**Quiltmaße:** 73" x 73" (185 x 185 cm)

**MATERIAL**

Fensterschablone mit quadratischem Ausschnitt von 14" (35 cm) Kantenlänge

**Sterne und Einfassung:** 1 3/4 yards (1,75 m) lang, 45" (115 cm) breit

**Streifen:** 1 1/4 yards (1,25 m) lang, 45" (115 cm) breit

**Hintergrund und Rand:** 6 1/2 yards (6,50 m) lang, 45" (115 cm) breit

**Vlieseinlage:** 75" x 75" (190 x 190 cm)

**Rückseite:** 75" x 75" (190 x 190 cm)

*Sternenquilts aus dem 19. Jahrhundert mit ihrer kühnen Farbwahl haben mich zu diesem Muster inspiriert. Bei nur drei Stoffen konzentriert man sich mehr auf die Beziehung, die man zwischen ihnen herstellen kann. Wagen Sie ruhig ungewöhnliche Kombinationen, oder probieren Sie einfach mal den „häßlichen“ Stoff aus, der schon lange im Schrank versteckt liegt! Zusammen mit zwei einfarbigen oder ganz klein gemusterten Stoffen sieht er vielleicht ganz großartig aus.*

## ANGABEN, DIE FÜR ALLE PROJEKTE GELTEN

**Stoffe:** Kleiderstoffe aus 100% Baumwolle, als Rückseite eignet sich auch ein Bettlaken. Vor Verarbeitung gut waschen.

**Nähte:** Ungefähr 1/4" (6 mm) Nahtzugabe, nehmen Sie die Nähfußkante als Richtlinie.

**Einfassung:** Als Alternative zu den separat gearbeiteten Einfassungen, die ich bevorzuge, können Sie auch die Rückseite etwas größer schneiden und auf die Oberseite umschlagen. Dies ist die schnellere Versäuberungsmethode.

**Vlieseinlage:** Dünnes Polyestervlies läßt sich leichter auf der Maschine quilten. Wählen Sie eine Qualität, die nur in 10" oder 12" (25 oder 30 cm) großen Abständen gequiltet wird.

**Fensterschablonen:** Sie werden bei allen Projekten eingesetzt und auf die gleiche Weise angefertigt. Sie brauchen festen Karton, der rundum mindestens 4" (10 cm) größer ist als das „Fenster". Für ein 12 1/2" (31,5 cm)-Fenster sollte der Karton also 16 1/2" (41,5 cm) im Quadrat oder mehr messen. Mit Hilfe von Lineal, Bleistift und Zeichendreieck ein Quadrat mit genau 12 1/2" (31,5 cm) Seitenlänge so auf Karton zeichnen, daß rundum ein Rand von 2" (5 cm) bleibt. Mit scharfem Schneidemesser und Sicherheitslineal dieses Mittelfenster ausschneiden.

## ZUSCHNEIDEN

*1* Vom pinkfarbenen Stoff für die Sterne aus der Stoffbreite einen 24" (60 cm) breiten Streifen abschneiden. Diesen auf die Schneidematte legen und mit Hilfe des Lineals in 16 lange spitze Dreiecke mit etwa 5" (12,5 cm) breiter Basis zerteilen. Nicht ausmessen, sondern nach Augenmaß schneiden (Abb. 1). Ergeben sich insgesamt weniger als 16 Dreiecke, schneiden Sie die fehlenden einfach aus dem restlichen Stoff.

1

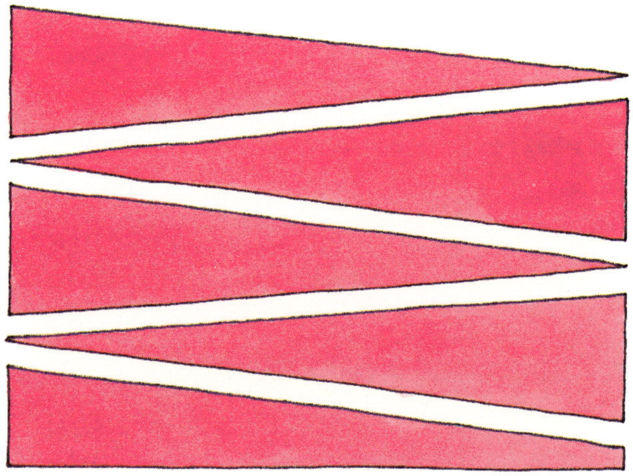

*2* Aus der Breite des gelben Stoffs zwei 18" (45 cm) breite Streifen schneiden. Diese auf die Schneidematte legen und mit Hilfe des Lineals 32 Streifen von 2" x 18" (5 x 45 cm) Größe schneiden.

*3* Aus dem Stoff für die Rückseite und den Rand acht 4" x 75" (10 x 190 cm) große Streifen und 16 Quadrate mit einer Seitenlänge von 41 x 41 cm schneiden. **Achtung:** Die langen Streifen parallel zur Webkante schneiden.

## NÄHEN

*1* Ein Hintergrundquadrat auf die Schneidematte legen und mit Hilfe des Lineals zwei gerade, etwa 18" (45 cm) lange Schnitte zu beiden Seiten der Diagonale machen. Nicht ausmessen, nur abschätzen (Abb. 2).

2

*2* Zwei gelbe Streifen zwischen die drei Hintergrundteile legen (Abb. 3). Alle fünf Teile zu einem Block zusammennähen (Abb. 4). Nahtzugaben auseinanderbügeln.

3

4

*3* Den Block auf die Schneidematte legen und in der Diagonale, im rechten Winkel zu den gelben Streifen, mit einem geraden Schnitt zerteilen (Abb. 5).

*4* Ein pinkfarbenes Dreieck mit der langen Kante an eine Blockhälfte nähen. Nahtzugaben auseinanderbügeln, dann die freie Dreieckkante mit Hilfe des Lineals begradigen (Abb. 6). Die andere Blockhälfte an das Dreieck nähen und bügeln (Abb. 7).

5

6

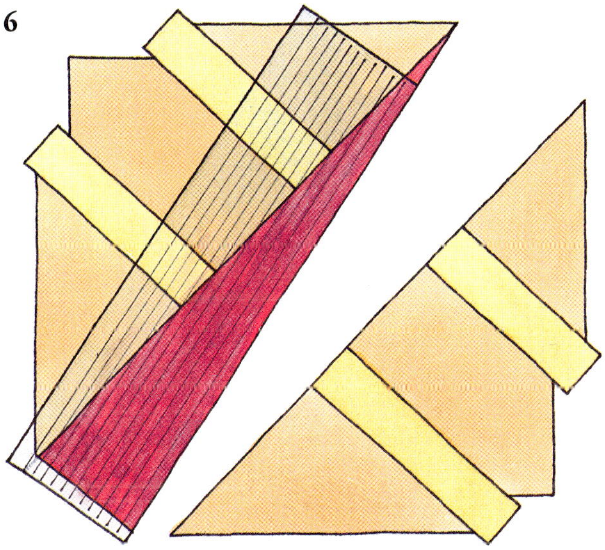

7

*5* Block auf die Schneidematte und darauf die Fensterschablone legen (Abb. 8). Eckpunkte mit weichem Bleistift markieren und den Block auf diese Größe bringen. Abgeschnittenen Stoff für den Rand verwenden (siehe unten). Um ein exaktes Quadrat zu erhalten, richten Sie sich beim Zuschneiden am besten nur nach den Bleistiftpunkten und dem Gitter auf der Schneidematte.

**8**

*6* Für die anderen 15 Blöcke Schritt 1 bis 5 wiederholen. Arbeiten Sie dabei keine identischen Blöcke, sondern variieren Sie das Thema.

*7* Blöcke auf einer Pinnwand oder auf dem Boden zu einem ausgewogenen Muster anordnen (Abb. 9). Zusammennähen und Nahtzugaben auseinanderbügeln.

**9**

## RANDSTREIFEN ANFÜGEN

*1* Für den zusammengesetzten Rand die abgeschnittenen Blockteile zusammennähen (ungeachtet des Fadenlaufs). Unregelmäßige Kanten dabei rechtwinklig abschneiden und alle Nahtzugaben so flach wie möglich auseinanderbügeln. Um schließlich eine Streifenform zu erhalten, an jedem Winkel ein Stoffstück ansetzen.

*2* Auf diese Weise fortfahren, bis Sie ein etwa 15" (38 cm) langes „neues“ Stück Stoff haben (Abb. 10).

**10**

*3* Mit Hilfe des Lineals ein oder mehrere 3" (7,5 cm) breite und so lange Rechtecke schneiden, wie es der Stoff erlaubt (ungeachtet des Fadenlaufs). Die Kanten müssen rechtwinklig verlaufen.

**11**

*4* Alle größeren abgeschnittenen Teile verwenden, gegebenenfalls etwas vom Reststoff dazunehmen. Aufgrund seiner großen Formenvielfalt wird dieser Randstreifen besonders abwechslungsreich.

*5* Für den zusammengesetzten Rand brauchen Sie zwei Streifen von 62" (155 cm) und zwei Streifen von 67" (167,5 cm) Länge. Entsprechend viele Rechtecke aneinandernähen.

*6* Die drei Randeinheiten zuerst an den Seiten, dann an Ober- und Unterkante in folgender Reihenfolge annähen: einfarbiger Rand aus Hintergrundstoff, zusammengesetzter Rand und zuletzt wieder einfarbiger Rand. Gerade Ecken arbeiten (siehe Seite 12).

## QUILT FERTIGSTELLEN

*1* Rückseite, Vlieseinlage und Oberseite aufeinanderlegen und montieren (siehe Seite 14). Anschließend mit der Maschine in der Naht quilten oder die Nahtlinien als Richtlinien zum Konturquilten nutzen.

*2* Den Rand zurückschneiden und eine doppelt gelegte Einfassung aus dem restlichen pinkfarbenen Stoff arbeiten (siehe Seite 17).

# *Lustiges Leitermuster*

Bei diesem Quilt für ein Einzelbett werden die 24 Leiterblöcke sowohl frei als auch nach der konventionellen Verbindungsmethode gearbeitet. Sie können jede Art von Stoffteilen zusammennähen, um sie dann wieder auseinanderzuschneiden und so neue, interessante Blöcke für Kissen oder andere kleine Projekte zu erhalten. Jede attraktive Kombination von einfarbigen oder bedruckten Stoffen ist dafür geeignet.

**Quiltmaße:** 60" x 84" (150 x 210 cm)

## MATERIAL

Quadratische Fensterschablone mit 12 1/2" (31,5 cm) Seitenlänge

**Gemusterte Stoffe oder Stoffreste:** acht „fat quarters". (Stellen Sie eine interessante Auswahl an Mustern und Farben zusammen, je mehr Stoffe, desto abwechslungsreicher wird der Quilt.)

**Einfarbiger Baumwollstoff** für den Hintergrund: 5 3/4 yards (5,75 m) lang, 45" (115 cm) breit

**Schwarzer Baumwollstoff:** 3/4 yard (0,75 m) lang, 45" (115 cm) breit

**Vlieseinlage:** 62" x 86" (155 x 215 cm)

**Rückseite:** 1 3/4 yards (1,75 m) lang, 96" (240 cm) breit. Ein Bettlaken eignet sich am besten, da das Ansetzen entfällt.

**Einfassung:** 3/4 yard (0,75 m) lang, 45" (115 cm) breit, aus einem der Leitermuster. Der Stoff reicht für eine doppelt gelegte, vor dem Falten 2 1/2" oder 3" (6,5 oder 7,5 cm) breite Einfassung.

## ZUSCHNEIDEN

*1* Gemusterten Stoff parallel zur längsten Kante in unterschiedliche, zwischen 1 1/2" und 6" (4 und 15 cm) breite Streifen schneiden. Jeder Streifen wird also etwa 22" (55 cm) lang sein.

*2* Aus dem einfarbigen Stoff für Hintergrund und Rand parallel zur Webkante zwei 6 1/2" x 86" (16,5 x 215 cm) große Streifen, zwei 6 1/2" x 50" (16,5 x 125 cm) große und 16 von 6" x 45" (15 x 115 cm) Größe schneiden.

*3* Aus dem schwarzen Stoff brauchen Sie 16 Streifen von 1 1/4" x 45" (3 x 115 cm) Größe. Hier werden die Streifen aus der Stoffbreite zugeschnitten, um Stoff zu sparen, obwohl man normalerweise parallel zur Webkante arbeiten sollte.

## NÄHEN

*1* Gemusterte Stoffstreifen in beliebiger Reihenfolge zu zwei 45" (115 cm) langen Teilen verbinden. Nahtzugaben auseinanderbügeln; dies erleichtert das Zerschneiden und Neuzusammensetzen. Eine lange Kante begradigen, dann beide Teile in vier Streifen von beliebiger Breite zwischen 4" und 7" (10 und 17,5 cm) zerschneiden (Abb. 1).

**1**

*2* Je einen schwarzen Stoffstreifen an die langen Kanten der 45" (115 cm) langen Hintergrundstreifen nähen. Nahtzugaben auseinanderbügeln.

*3* Gemusterte Streifen auf beiden Seiten an die schwarzen Kanten der Hintergrundstreifen nähen. Nahtzugaben zum schwarzen Stoff hin bügeln. Aus den acht Teilen werden später je drei Blöcke zugeschnitten (Abb. 2).

**2**

## Blöcke zuschneiden

*1* Ein Patchworkteil auf eine feste Unterlage (zum Beispiel einen Tisch) legen und mit Hilfe der Fensterschablone die Ecken der drei Blöcke markieren. Dazu mit einem weichen Bleistift in jeder Ecke zwei kurze Striche einzeichnen. Erst nur leicht nachziehen, bis Ihnen die Ausschnitte gefallen (Abb. 3).

**Wichtig:** Bei jedem Block die Schablone in einem anderen Winkel auflegen. Auf diese Weise erhält jeder Block ein ganz individuelles Muster.

3

*2* Mit Hilfe eines langen Lineals, einer Schneidematte und eines Rollschneiders die Eckpunkte verbinden und drei Blöcke zuschneiden.

*3* Schritte 1 und 2 bei den anderen sieben Teilen wiederholen. Achten Sie darauf, daß sich die Leitern bei zwölf Blöcken nach links und bei den anderen zwölf nach rechts neigen.

## OBERSEITE VERVOLLSTÄNDIGEN

*1* Blöcke auf einer Pinnwand oder auf dem Fußboden anordnen und so lange verschieben, bis Sie mit dem Arrangement zufrieden sind.

**Achtung:** Wenn die endgültige Anordnung feststeht, markieren Sie am besten die Position der einzelnen Blöcke. Ich verwende dazu Stecknadeln mit farbigen Köpfen, zum Beispiel für Reihe 1 Rot, für Reihe 2 Grün usw. Die Nadeln in die obere linke Ecke stecken, eine für Block 1, zwei für Block 2 usw. Wenn Sie sich Ihren Code auf einem Stück Papier notieren, können die Teile später nicht durcheinandergeraten.

*2* Blöcke verbinden: Viererreihen zusammennähen, Nahtzugaben bügeln, dann die Reihen aneinandersetzen und die Nahtzugaben bügeln.

*3* Randstreifen mit geraden Ecken arbeiten (siehe Seite 12), dabei mit den kurzen Seiten beginnen. Vor dem Feststecken die genaue Länge quer über die Quiltmitte messen und markieren, auf diese Weise werden die Ecken ganz exakt.

## QUILT FERTIGSTELLEN

*1* Auf der Quiltoberseite zwischen den Leitern und auf dem Rand in Längsrichtung die Quiltlinien markieren. Sie verlaufen schlangenlinienförmig in einem Abstand von 1" (2,5 cm). (Statt mit Bleistift können Sie die Linien auch mit einem schmalen Klebeband markieren, allerdings erst nachdem Sie die Lagen zusammengeheftet haben.)

*2* Rückseite, Vlieseinlage und Oberseite montieren (siehe Seite 14) und mit der Maschine quilten. Mit Nähfuß und einem Garn in kräftiger Farbe arbeiten.

*3* Kanten zurückschneiden und eine doppelt gelegte, vor dem Falten 2 1/2" oder 3" (6,5 oder 7,5 cm) breit zugeschnittene Einfassung arbeiten (siehe Seite 17).

## DOPPELBETT-VERSION

Diesen Quilt können Sie auch als Doppelbettüberwurf in den Maßen 84" x 84" (210 x 210 cm) arbeiten. In diesem Fall brauchen Sie 36 Blöcke. Noch größer wird der Quilt, wenn Sie die Maße der Randstreifen entsprechend verändern.

## MATERIAL

Unterschiedlich gemusterte Stoffe: zwölf „fat quarters"
**Hintergrundstoff:** 8 yards (8 m) oder mehr, wenn der Quilt größer als 84" x 84" (210 x 210 cm) sein soll
**Schwarzer Stoff:** 1 yard (1 m)
**Vlieseinlage:** 86" x 86" (215 x 215 cm), nach Wunsch größer
**Rückseite:** 86" x 86" (215 x 215 cm), nach Wunsch größer

# *Schichten und Strukturen*

Für diesen Quilt standen Felsformationen auf der Isle of Skye in Schottland Pate. Um die „Gesteinsschichten" nachzuempfinden, wurden die Streifen sowohl frei als auch konventionell zusammengenäht. Von der Größe her eignet sich der Quilt als Sofadecke oder Bettüberwurf. Ich habe buntkarierte und gestreifte Stoffe mit dem Ziel verarbeitet, eine interessante Oberflächenstruktur zu schaffen und nicht, wie sonst üblich, ein traditionelles Muster aus bestimmten Formen.

**Quiltmaße:** 72" x 72" (180 x 180 cm)

**MATERIAL**

Fensterschablone mit 12 1/2" x 12 1/2" (31,5 x 31,5 cm) großem Ausschnitt

**Karierte und gestreifte Stoffe:** eine Auswahl von zwölf „long quarters" für die „Gesteinsschichten"-Blöcke. Achten Sie auf eine abwechslungsreiche Anordnung der Stoffe.

**Einfarbiger Stoff für Hintergrund und Rand:** 2 1/2 yards (2,50 m) lang, 60" (150 cm) breit

**Vlieseinlage:** 75" x 75" (190 x 190 cm)

**Rückseite:** 75" x 75" (190 x 190 cm)

**Karierte Einfassung:** 3/4 yard (0,75 m) kontrastierendes Karomuster

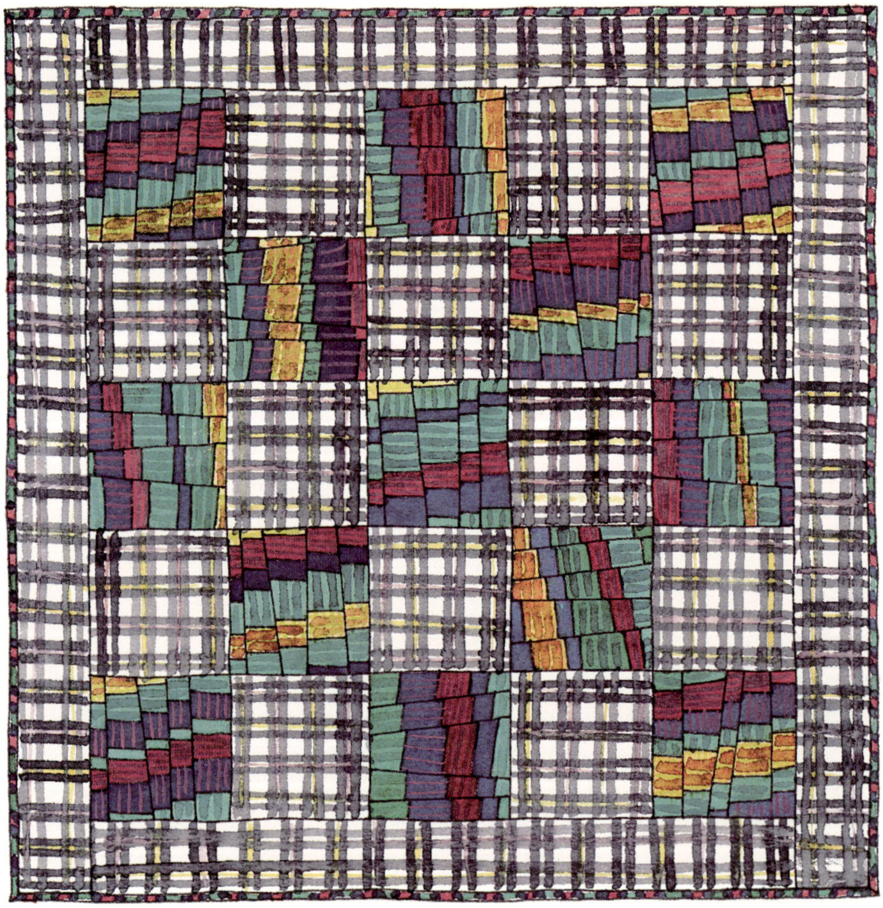

## ZUSCHNEIDEN

*1* Karierten und gestreiften Stoff parallel zur längsten Kante in unterschiedliche, zwischen 1 1/2" und 6" (4 und 15 cm) breite Streifen schneiden. Jeder Streifen hat eine Länge von 45" (115 cm).

*2* Aus dem Stoff für Hintergrund und Rand parallel zur Webkante je zwei 6 1/2" x 63" (17 x 160 cm) und 6 1/2" x 77" (17 x 196 cm) große Streifen schneiden sowie zwölf Quadrate mit einer Kantenlänge von 12 1/2" (31,5 cm).

## NÄHEN

*1* Karierte und gestreifte Stoffteile in beliebiger Reihenfolge zu zwei 30" x 45" (75 x 115 cm) großen Stücken zusammennähen. Nahtzugaben auseinanderbügeln, das erleichtert das Zuschneiden und Zusammensetzen.

*2* Die Patchworkteile in Streifen von beliebiger Breite zwischen 3" und 7" (7,5 und 18 cm) schneiden, und zwar quer über die Nahtlinien und leicht schräg.

**1**

*3* Streifen in dieser Reihenfolge verbinden, aber jeden etwas tiefer ansetzen – ähnlich wie bei den Verwerfungslinien im Gestein. Diese Abstufungen von 1/2" bis 1" (1,3 bis 2,5 cm) variieren lassen.
So entsteht an den beiden langen Seiten des Musterteils eine Zickzackkante (Abb. 2). Nahtzugaben auseinanderbügeln.
**Achtung:** Genauso für den 13. Block noch ein schmaleres Teil von etwa 15" x 18" (38 x 45 cm) arbeiten.

**2**

### Blöcke zuschneiden

*1* Ein Patchworkteil auf eine feste Unterlage (zum Beispiel einen Tisch) legen und mit Hilfe der Fensterschablone die Ecken der sechs Blöcke markieren, indem Sie hier mit einem weichen Bleistift zwei kurze Striche einzeichnen. Die Markierungen zunächst nur leicht nachziehen, bis Ihnen die Ausschnitte gefallen.
**Wichtig:** Für jeden Block die Schablone in einem anderen Winkel auflegen. Auf diese Weise bekommt jeder Block ein ganz individuelles Muster.

*2* Mit Hilfe eines langen Lineals, einer Schneidematte und eines Rollschneiders die Eckpunkte verbinden und die Blöcke zuschneiden (Abb. 3).

3

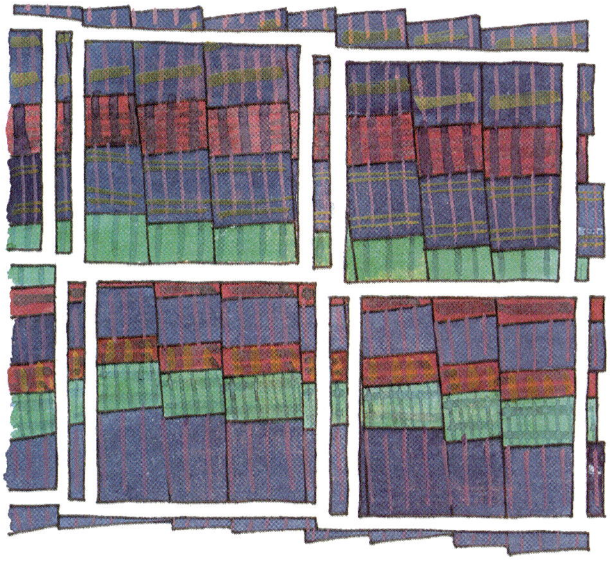

*3* Schritte 1 und 2 bei den anderen Patchworkteilen wiederholen. Das kleinere Teil ergibt nur einen Block.

## OBERSEITE VERVOLLSTÄNDIGEN

*1* Auf einer Pinnwand oder dem Fußboden die karierten Hintergrundquadrate und zusammengesetzten Blöcke zu einem harmonischen Muster anordnen. So lange verschieben, bis Ihnen das Arrangement gefällt.

**Achtung:** Die Anordnung markieren wie im Kapitel „Lustiges Leitermuster“ (Seite 78) beschrieben.

*2* Je fünf Blöcke zu einer Reihe verbinden, Nahtzugaben auseinanderbügeln und die Reihen zusammennähen. Dabei jedesmal die Nahtzugaben bügeln.

*3* Randstreifen ansetzen und gerade Ecken arbeiten (siehe Seite 12).

## QUILT FERTIGSTELLEN

*1* Rückseite, Vlieseinlage und Oberseite heften (siehe Seite 14). Mit der Nähmaschine beiderseits der Blöcke Nahtlinien und parallel dazu je zwei Quiltlinien arbeiten. Dazu Garne in den Farben verwenden, die im karierten Stoff vorkommen. Um einen regelmäßigen Abstand zwischen den Quiltlinien zu erhalten, können Sie sich an der Nähfußkante orientieren oder, wenn der Abstand größer sein soll, Klebeband verwenden.

*2* Zuletzt die Kanten zurückschneiden und eine doppelt gelegte Einfassung aus dem karierten Stoff für den Rand arbeiten (siehe Seite 17).

# Schwertertanz

Bei dieser Sofa- oder Kniedecke heben sich karierte Stoffe in kräftigen Farben besonders reizvoll von einem einfarbigen Nesselhintergrund ab. Der Rand wird passend dazu aus drei Teilen gearbeitet, die Einfassung entweder aus Nessel oder aus kariertem Stoff. Die leuchtenden Farben erinnerten mich daran, daß meine Großmutter mir erzählte, wie sie als Kind über gekreuzten Feuerhaken einen Schwertertanz vorführte.

**Quiltmaße:** 61" x 61" (153 x 153 cm)

## MATERIAL

Fensterschablone mit einem 12 1/2" (31,5 cm) großen Ausschnitt

**Karierter Stoff:** vier kontrastierende Stücke von 1 yard x 45" (1 m x 115 cm)

**Achtung:** Den gesamten Stoff diagonal zum Fadenlauf zuschneiden. Um zu verhindern, daß sich der Stoff eventuell beim Nähen dehnt, können Sie ihn problemlos mit einem sehr leichten, aufbügelbaren Vlies stabilisieren, das vor dem Zuschneiden aufgebracht wird.

**Nessel für Hintergrund und Rand:** 4 1/2 yards (4,50 m) lang, 60" (150 cm) breit. Den Stoff zweimal bei 95° in der Maschine waschen. Bei der angegebenen Stoffmenge ist beträchtliches Einlaufen einkalkuliert.

**Vlieseinlage:** 63" x 63" (160 x 160 cm)

**Rückseite:** 63" x 63" (160 x 160 cm)

## ZUSCHNEIDEN

*1* Aus jedem Stück karierten Stoffs einen etwa 16” (40 cm) breiten Streifen schneiden. Diese vier Streifen übereinander auf die Schneidematte legen und daraus Schrägstreifen von etwa 1 1/2”-3” x 18” (4-8 x 45 cm) Breite zuschneiden. Arbeiten Sie dabei ganz nach Augenmaß. Die Streifen sollten von einem Ende zum anderen schmaler zulaufen (Abb. 1). Sie brauchen von jeder Farbe insgesamt 16 Streifen.

1

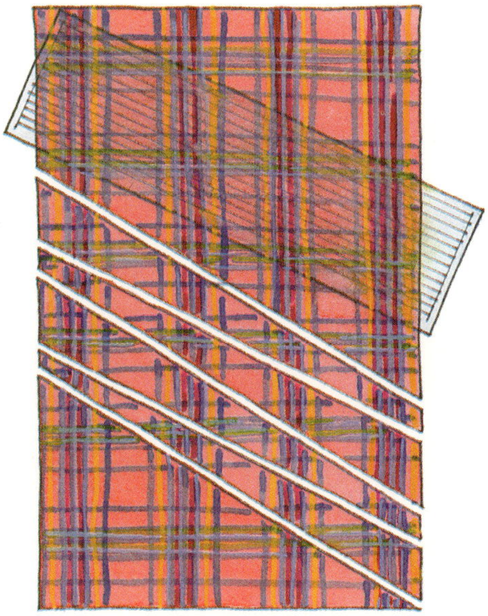

*2* Die Streifen aus den einzelnen Stoffen mischen, um eine beliebige Anordnung zu erzielen.

*3* Aus dem Nessel 16 Quadrate von etwa 15” x 15” (38 x 38 cm), vier Streifen von 2 1/2” x 55” (6,5 x 138 cm) und vier von 2 1/2” x 65” (6,5 x 163 cm) schneiden.
**Achtung:** Die langen Streifen parallel zur Webkante schneiden.

## NÄHEN

*1* Eins der Nesselquadrate auf die Schneidematte legen und mit vier geraden Schnitten zwei etwa 3/4” (2 cm) breite Streifen herausschneiden (Abb. 2). Diese sollten nicht länger als 17” (43 cm) sein. Überprüfen Sie dieses Maß beim erstenmal mit dem Lineal, die anderen Schnitte jedoch sollten Sie nach Augenmaß vornehmen, damit die Anordnung zufälliger wirkt.

2

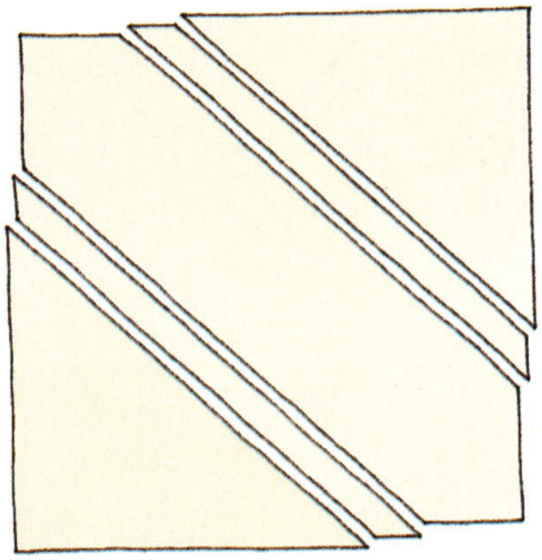

*2* An Stelle der schmalen Nesselstreifen zwei kontrastierende karierte Streifen einsetzen. Nahtzugaben zum Nessel hin bügeln. Dies verstärkt den „Intarsien“-Effekt und erleichtert den Aufbau des Quilts (Abb. 3).

3

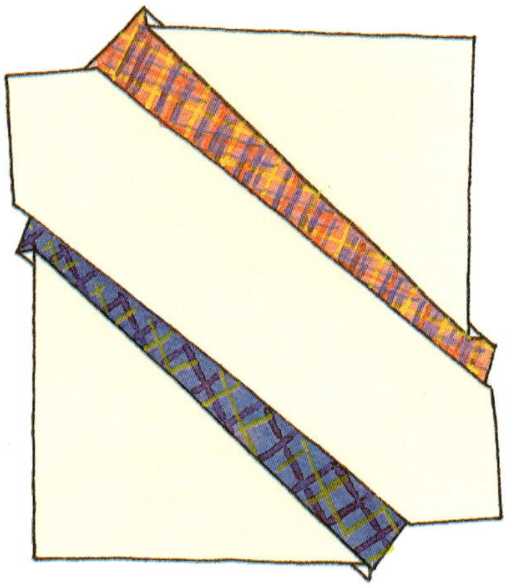

*3* Den Block auf die Schneidematte legen. Etwa im rechten Winkel zu den ersten Schnitten vier weitere vornehmen (siehe Schritt 1) und wieder etwa 3/4” (2 cm) breite Nesselstreifen herausschneiden (Abb. 4).

4

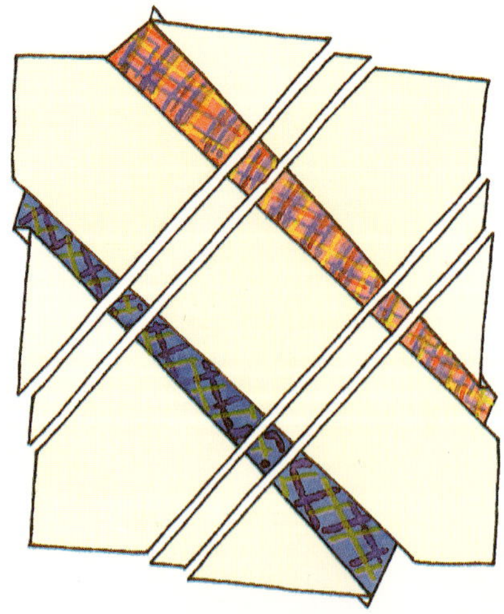

Diese durch Streifen aus den beiden anderen karierten Stoffen ersetzen (Abb. 5).

5

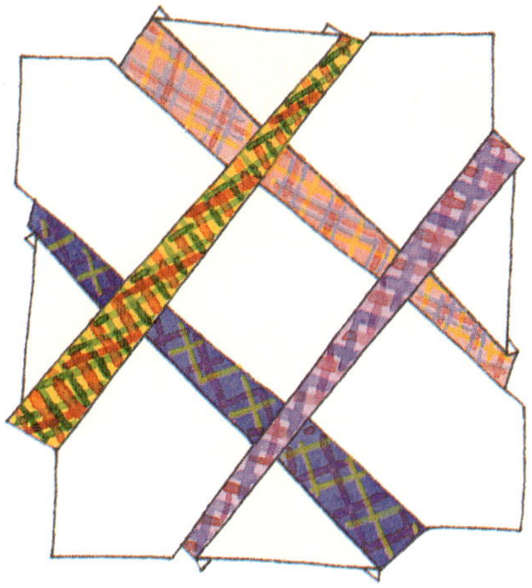

*4* Den Block mit den Nahtzugaben zum Nessel hin bügeln und auf die Schneidematte legen. Dann mit Hilfe der Fensterschablone, wie im Kapitel „Lustiges Leitermuster" beschrieben, den gewünschten Blockausschnitt markieren und zuschneiden (Abb. 6).

6

*5* Für die übrigen 15 Blöcke Schritt 1 bis 4 wiederholen. Bei jedem Block müssen die einzelnen karierten Stoffe an der gleichen Stelle liegen. Durch unterschiedliche Streifenbreite und Ausschnittswinkel der Blöcke jedoch entsteht jedesmal ein neues Bild.

## OBERSEITE VERVOLLSTÄNDIGEN

*1* Blöcke auf einer Pinnwand oder auf dem Fußboden anordnen, bis Sie mit dem Arrangement zufrieden sind.
**Achtung:** Anordnung markieren wie beim Quilt mit dem Leitermuster beschrieben.

*2* Blöcke wie gewohnt verbinden und dabei die Nahtzugaben auseinanderbügeln.

*3* Für den zusammengesetzten Randstreifen den restlichen karierten Stoff in Schrägstreifen von beliebiger Breite schneiden. Zusammennähen, bügeln und im rechten Winkel zu den Nahtlinien in 3" (7,5 cm) breite Teile schneiden. In der Länge der Quiltkanten aneinandersetzen.
**Achtung:** Wenn nicht genügend karierter Stoff übrigbleibt, um auf die gleiche Weise die Einfassung zu arbeiten, Nessel verwenden.

*4* Zuerst den einen Nesselrand annähen, dann die zusammengesetzten Randstreifen und zuletzt die zweite Nesselumrandung. Dabei exakte gerade Ecken arbeiten wie im Kapitel „Lustiges Leitermuster" beschrieben.

## QUILT FERTIGSTELLEN

*1* Rückseite, Vlieseinlage und Oberseite heften (siehe Seite 14) und entweder mit der Maschine (mit dem Nähfuß zum Knopfannähen, sofern vorhanden) oder von Hand (siehe Seite 16) an den Kreuzungspunkten der karierten Streifen knoten. Mit der Maschine eine gerade Linie auf beiden Seiten des zusammengesetzten Rands quilten.

*2* Kanten zurückschneiden und eine doppelt gelegte Einfassung (siehe Seite 17) entweder aus zusammengesetzten karierten Streifen oder aus Nessel arbeiten.

# *Schnelle Dreiecke*

PAULINE ADAMS

*Für die folgenden Quilts werden Dreiecke mit dem Rollschneider zugeschnitten und auf der Maschine nach einer oder mehreren von vier Schnellmethoden zusammengenäht. Eine davon habe ich neu kreiert. Alle Dreiecke in diesen Quilts sind rechtwinklig und gleichschenklig. Dabei darf der Fadenlauf eine unterschiedliche Richtung haben. Die angegebenen Zentimetermaße mögen übertrieben genau erscheinen, aber sie wurden auf der Basis des metrischen Schneidelineals errechnet. Im Abschnitt „Fertigstellung" werden das Quilten auf der Maschine und die Knotenmethode sowie eine Reihe verschiedener Kantenversäuberungen beschrieben. Für die Quiltrückseite habe ich gelegentlich Bettuchstoff verarbeitet. Er empfiehlt sich allerdings nicht beim Quilten von Hand, da er sich schwer durchstechen läßt. Bei der angesetzten Arbeitszeit wurden die Entwurfsplanung und Wahl, Einkauf oder Vorbereitung des Stoffes nicht berücksichtigt.*

# *Evening Stars*

Der traditionelle Viererblock Evening Star (Abendstern) setzt sich aus einem großen Quadrat und vier kleinen sowie aus vier rechteckigen Flying Geese (Fliegenden Gänsen) zusammen. Die Flying-Geese-Einheiten bestehen aus zwei kleinen Dreiecken, die an ein großes angenäht wurden. Dabei erschweren bei Verwendung der Nähmaschine Nähte in diagonalem Fadenlauf das exakte Arbeiten. Vor einigen Jahren habe ich eine schnelle, einfache und gleichzeitig exakte Methode zur Herstellung von vier Flying Geese aus fünf mit dem Rollschneider geschnittenen Quadraten entwickelt. Ein „Rezept“ besteht aus vier Gänseeinheiten, die Sie zu einem Streifen zusammennähen oder in einen Block integrieren.
Diese Decke war in achteinhalb Arbeitsstunden fertig.

**Quiltmaße:** 55” x 55” (138 x 138 cm)

**MATERIAL**

Alle in diesem Quilt verarbeiteten Stoffe liegen 45” (115 cm) breit.

**Sterne:** 3/4 yard (0,75 m)
**Innerer Rand:** 1 1/4 yards (1,2 m)
**Äußerer Rand:** 1 1/2 yards (1,4 m)
**Vlieseinlage:** Polyestervlies, 1 3/4 yard (1,75 m) lang und 60” (150 cm) breit
**Rückseite:** Nessel, 1 3/4 yards (1,75 m) lang und 60” (150 cm) breit
**Zweifädiges Strickgarn zum Knüpfen**

*Diese kleinen Musterbeispiele zeigen den Evening Star aus unterschiedlichen Stoffen. In den Versionen mit zwei Farben tritt der Stern als leuchtender Blickfang hervor, während er bei der Kombination mit drei Stoffen in kräftigeren Tönen weniger auffällt. Zu einem 3-Farben-Block mit dunklen Quadraten brauchen Sie einen helleren, einfarbigen Kontrast. Die Zusammenstellung von Stoffen in Hell-Dunkel mit einem Kontrastton wirkt sehr graphisch.*

## ZUSCHNEIDEN

*1* Beim Sternestoff aus der Breite zwei 5 1/2” (14 cm) breite Streifen schneiden und diese in neun A-Quadrate zerteilen.

*2* Drei 3 3/8” (8,9 cm) breite Streifen schneiden und diese in 36 Hintergrundquadrate zerteilen.

*3* Für den inneren Rand quer zwei 6 1/4” (16,3 cm) breite Streifen und diese in neun Quadrate schneiden.

*4* Fünf 5 1/2” (14 cm) breite Streifen schneiden und diese in vier 10 1/2” (26,5 cm) lange F-Randstreifen und vier 30 1/2” (76,5 cm) lange H-Randstreifen zerteilen.

*5* Beim Stoff für die äußere Umrandung aus der Breite acht 5” (12,5 cm) breite Streifen schneiden und diese in vier 35 1/2” (89 cm) lange I-Randstreifen, vier 15 1/2” (39 cm) lange G-Randstreifen, zwölf D-Quadrate und 20 Rechtecke von 3” (7,5 cm) Breite zerteilen.

## NÄHEN

*1* Aus den großen und kleinen Quadraten neun Flying-Geese-Rezepte anfertigen (siehe Seite 114).

*2* Nach dem Nähplan (Abb. 1) 20 E-Rechtecke zu Gänserechtecken zusammennähen, dann die Streifen wie abgebildet arbeiten und diese in der vorgegebenen Reihenfolge verbinden. An das Mittelquadrat zunächst an den Seiten, dann an Ober- und Unterkante Randstreifenpaare nähen. Die Nähte mit dem Finger glattfalzen. Erst wenn alles fertiggestellt ist, bügeln.

1

## QUILT FERTIGSTELLEN

***1*** Oberseite, Vlieseinlage und Rückseite aufeinandernähen (siehe Seite 14).

***2*** Verstürzen, Öffnung schließen und rundum 1/4" (6 mm) von der Kante entfernt absteppen.

***3*** Mit dem Strickgarn in der Mitte der A-Quadrate verknoten (siehe Seite 16), ebenso in den Ecken der D-Quadrate, in der Unterkantenmitte der „Gänse" und in gleichen Abständen entlang der Randstreifenmitte.

# *Mühlen im Wind*

Das bezaubernde alte Muster auf diesem Quilt für ein Einzelbett wird Pinwheel (Windrad) genannt. Hier ist es Teil eines Neunerblocks innerhalb einer Single Irish Chain (einfache irische Kette), die quer über die Quiltoberseite bis in die Ecken hinein wandert. Verarbeitet wurden sechs dunkel bedruckte und einfarbige Stoffe in Braun- und Blautönen sowie in Purpur und Orange, dazu sechs hell bedruckte in blassen Korall- und Gelbtönen sowie in Beige.

„Fat quarters“ eignen sich besonders gut zum Zusammensetzen von Dreiecken. Um mit so wenigen Stoffen dennoch den Eindruck von größter Zufälligkeit zu erzielen, entschied ich mich dazu, die Dreiecke direkt, das heißt einzeln, mit dem Rollschneider zuzuschneiden (siehe unten). Wenn Sie für die kleinen Windradquadrate nur zwei Stoffe verwenden möchten und vielleicht einen dritten für die kleinen und großen Hintergrundquadrate, dann wären Raster-Dreiecke aus halbierten Quadraten (siehe Seite 103) eine gute Alternative beim Zusammensetzen. Wegen der vielen kleinen Patchworkteile und der entsprechend aufwendigen Maschinenstepperei habe ich für diesen Quilt fast 26 Arbeitsstunden gebraucht, davon mehr als die Hälfte fürs Zuschneiden und Nähen und den Rest fürs Quilten und Fertigstellen. Sie können Zeit sparen, indem Sie Quilten und Knoten kombinieren oder sich nur für die Knotenmethode entscheiden.

**Quiltmaße:** 64 1/4" x 89 3/4" (160 x 225 cm)

**MATERIAL**

Alle für diesen Quilt verarbeiteten Stoffe liegen 45" (115 cm) breit.

**Helle Stoffe, bedruckt und einfarbig:** sechs „long quarters" (20 cm) oder sechs „fat quarters“ oder entsprechende Reste von insgesamt 1 yard (1 m)

**Dunkle Stoffe, bedruckt und einfarbig:** sechs „long quarters“ (20 cm) oder sechs „fat quarters“ oder entsprechende Reste von insgesamt 1 yard (1 m)

**Hintergrund und Rand:** 4 yards (4 m)

**Vlieseinlage:** Polyestervlies, 67" x 92" (170 x 235 cm), oder ein Stück in Quiltgröße

**Rückseite:** 3 yards (3 m) Bettuchstoff, 90" (2,30 m) breit

## ZUSCHNEIDEN

*1* Die hellen und dunklen Stoffe in 3" (8 cm) breite Streifen zerschneiden.

*2* Diese in Quadrate mit 3" (8 cm) Seitenlänge zerteilen (insgesamt 120 dunkle und 120 helle Quadrate).

*3* Die Quadrate einmal diagonal zu A-Dreiecken halbieren (siehe Quiltplan auf Seite 96).

*4* Aus dem Hintergrundstoff in der Breite sechs 4 3/4" (12,3 cm) breite Streifen schneiden und diese in 48 B-Quadrate zerteilen.

*5* Aus dem restlichen Hintergrundstoff längs drei 13 1/4" (33,8 cm) breite Streifen schneiden.

*6* Daraus zwei 64 1/4" (163 cm) lange E-Randstreifen und zwei 38 3/4" (98,5 cm) lange D-Randstreifen abschneiden.

*7* Aus den Reststreifen sieben C-Quadrate schneiden. Für direkt zugeschnittene Dreiecke aus halbierten Quadraten (siehe unten) müssen die Quadrate 7/8" (2,6 cm) größer sein als die erforderliche Endgröße. Die Quadrate dann einmal diagonal zerteilen und paarweise an der langen Kante knapp 1/4" (6 mm) breit zusammennähen. Für Dreiecke aus geviertelten Quadraten die Quadrate 1 1/4" (3,8 cm) größer zuschneiden und dann entlang der beiden Diagonalen zerteilen. Entsprechend der Mustervorlage erst zu Paaren, dann zu Quadraten zusammennähen.

### Direktes Zuschneiden

Hierbei werden alle Patchworkteile ohne Schablone oder Bleistiftmarkierungen mit dem Rollschneider auf die entsprechende Form und Größe gebracht. Auch das Zusammennähen erfordert keine Markierungslinie: Die Stoffkante stimmt mit der Nähfußkante oder einer Führungslinie auf der Stichplatte überein, die knapp 1/4" (6 mm) von der Nadel entfernt ist.

## NÄHEN

*1* Die mit dem Rollschneider direkt zugeschnittenen Quadrathälften-Dreiecke nach Stoffen getrennt stapeln. Für eine optimale Mischung neue Sechserstapel aus einem hellen und aus je einem der sechs dunklen Stoffe anordnen.

*2* Von diesem Stapel ein helles und ein dunkles Dreieck an den langen Kanten verbinden. Die übrigen Dreiecke in einer Kette zusammennähen (siehe Seite 12) und die verschiedenen hellen Stoffe abwechselnd zu neuen Stapeln aufeinanderlegen, bis keine A-Dreiecke mehr da sind. Auseinanderschneiden, Quadrate aufklappen und die Nahtzugaben zum dunklen Stoff hin falzen (siehe Seite 12).

*3* Die Dreieckquadrate in Vierergruppen zur Windmühlenform anordnen (Abb. 1). Erst die oberen, dann die unteren Quadrate miteinander verbinden, dabei exakte Nahtkreuzungen arbeiten (siehe Seite 12). Nahtzugaben zur hellen Seite hin bügeln.

1

*4* Quadratpaare so zu insgesamt 60 Windmühlenquadraten zusammenstecken und -nähen, daß die Eckpunkte in der Mitte genau aufeinandertreffen. Nahtkreuzungen glätten wie unten beschrieben.

*5* Zwölf Neunerblöcke arbeiten, indem Sie abwechselnd Windmühlenquadrate mit kleinen Hintergrund-B-Quadraten verbinden. Je fünf Windmühlenblöcke und vier B-Quadrate kombinieren (Abb. 2). Nahtzugaben zum Hintergrundstoff hin falzen.

2

### Nahtkreuzungen glätten

In der Mitte der Windräder treffen acht Nähte aufeinander, die einen häßlichen Knoten entstehen lassen können. Dies läßt sich vermeiden, wenn die Nahtzugaben alle in eine Richtung weisen. Um die letzte Naht entsprechend zu arbeiten, werden einige Stiche der beiden Nähte, die rechtwinklig dazu verlaufen, aufgetrennt. Vorsichtig vorgehen und nicht dichter an die Nahtzugabe herangehen als auf einen Stich. Alle überstehenden Dreieckspitzen zurückschneiden (Abb. 3) und bügeln.

3

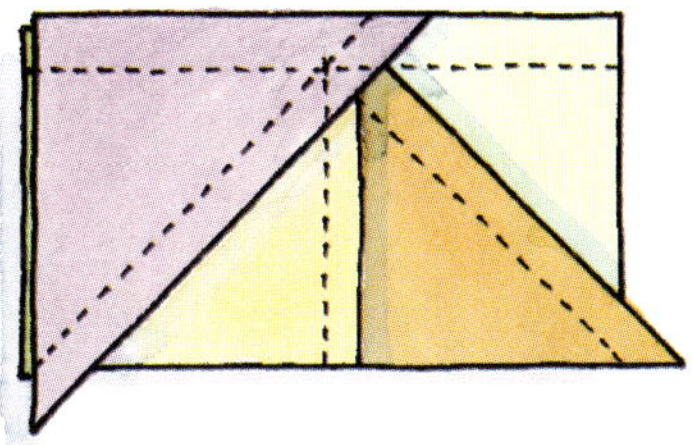

## QUILTOBERSEITE FERTIGSTELLEN

*1* Mit knapp 1/4" (6 mm) Nahtzugabe an jedes Ende der beiden kurzen D-Randstreifen einen großen Windradblock ansetzen. Wenn nötig, vorher stecken.

*2* Die übrigen Windradblöcke im Wechsel mit großen Hintergrund-C-Quadraten zu fünf Dreiergruppen verbinden (siehe Quiltplan). Dies ergibt den Mittelteil der Quiltoberseite.

*3* Zuerst die seitlichen E-Randstreifen ergänzen und dann die Streifen für Ober- und Unterkante. Bügeln.

## QUILT FERTIGSTELLEN

Das Quilten geschieht in zwei Phasen, damit die drei Quiltlagen nicht verrutschen und Falten werfen.

*1* Vlieseinlage ausbreiten und die Quiltoberseite mit der rechten Seite nach oben glatt auflegen. An jeder Kante mindestens 2" (5 cm) Vlies überstehen lassen. Lagen mit Sicherheitsnadeln zusammenstecken.

*2* Mit weißem Unterfaden und einem zum Hintergrundstoff passenden Oberfaden arbeiten. Zum freien Maschinenquilten den Transporteur versenken oder abdecken und Stichlänge auf Null stellen (siehe Seite 15). Um alle dunklen Windraddreiecke quilten.

*3* Den Stoff für die Rückseite mit der linken Seite nach oben ausbreiten und die Quiltoberseite glatt auflegen. An der Quiltoberkante 2" (5 cm) Rückseitenstoff überstehen lassen. Beide Lagen zusammenstecken.

*4* Alle B-Quadrate und sieben große C-Quadrate in der Mitte mit einem Kreuz markieren sowie in gleichen Abständen auch die Randstreifen. Ein zum Rückseitenstoff passendes Garn aufspulen, den Oberfaden belassen und an jeder Markierung mit der Maschine frei kleine Windräder aufsticken. Dabei in der Mitte beginnen und zuerst eine, dann die andere „eckige Acht" quilten (Abb. 4). Fäden abschneiden.

4

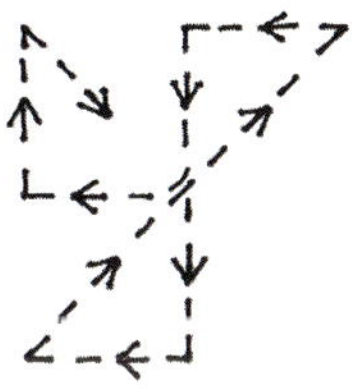

*5* Vlieseinlage auf die Größe der Quiltoberseite zurückschneiden. Rückseitenstoff rundum 1/2" (1,3 cm) größer als die Oberseite lassen. Für die Einfassung den überstehenden Rückseitenstoff nach vorn klappen, 1/4" (6 mm) nach innen umlegen und knapp aufsteppen. Stoffüberschuß gegebenenfalls an den inneren Ecken zurückschneiden.

## ALTERNATIVE GRÖSSEN

Für einen Doppelbettquilt von 94" x 94" (235 x 235 cm) brauchen Sie 17 zusammengesetzte Blöcke und zwölf C-Blöcke, zusätzlich 2 yards (2 m) Hintergrundstoff und eine Vlieseinlage in Übergröße. Aus je acht „fat quarters" von dunklen und hellen Stoffen 170 A-Quadrate schneiden. Zunächst aus der Breite geschnittene Streifen in B-Quadrate zerteilen, dann zwei aus der Breite geschnittene Streifen zu einem D-Randstreifen verbinden. Längs drei D-Randstreifen und zuletzt zwölf C-Quadrate schneiden. Den Rückseitenstoff zu einem Quadrat von etwa 95" x 95" (240 x 240 cm) zusammensetzen.

# *Windrad-Mosaik*

Wie die großen Stoffteile, die Maße und die Knotenverbindung vermuten lassen, ist dieser Quilt „im Handumdrehen“ fertiggestellt. Ich habe nicht einmal sechs Stunden Arbeitszeit gebraucht, davon weniger als die Hälfte für das Zusammennähen. Der Quilt zeigt das gleiche Pinwheel-Muster wie der vorhergehende Quilt, aber in erheblich größerem Maßstab. Von den Farben her eignet er sich besser als Kniedecke, weniger als Babydecke. Die hier angewendete Rastermethode stammt noch aus der Zeit vor der Erfindung des Rollschneiders; diese Technik ist genau und empfiehlt sich vor allem, wenn man viele Dreiecke aus nur zwei verschiedenen Stoffen braucht. Es gibt Dreiecke aus halbierten Quadraten und aus geviertelten Quadraten. Die Quadrathälften-Technik wird bei den Eckdreiecken der schmalen Umrandung angewandt und die Quadratviertel-Technik bei den Windraddreiecken, da sie auf die Spitze gestellt sind und auf diese Weise der Fadenlauf des Stoffes korrekt bleibt. Die B-Dreiecke werden direkt zugeschnitten.

**Quiltmaße:** 60 1/2" x 60 1/2" (152 x 152 cm)

**MATERIAL**

Alle für die Quiltoberseite verarbeiteten Stoffe liegen 45" (115 cm) breit

**Dunkler Stoff:** 1 3/4 yards (1,75 m)
**Helle Stoffe:** 2 1/4 yards (2,25 m)
**Rückseite:** 1 3/4 yards (1,75 m) Bettuchstoff in Kontrastfarbe, 90" (230 cm) breit
**Vlieseinlage:** Polyestervlies, 63" x 63" (158 x 158 cm) oder ein Stück von doppelter Quiltgröße
**Kontrastierendes Baumwollstrickgarn zum Knoten:** zwei- oder vierfädig

## ZUSCHNEIDEN

**Achtung:** Da die Teile so groß sind, kann beim Arbeiten mit dem Rollschneider ein Meßfehler leicht unbemerkt bleiben. Daher mit dem Maßband genau überprüfen, ob das Lineal korrekt angelegt ist, und erst dann schneiden.

*1* Nach dem Quiltplan auf Seite 100 und den Zuschneidevorlagen (Abb. 1 und 2) aus dem dunklen Stoff folgende Teile zuschneiden: ein Quadrat mit 13 1/4" (33,8 cm) Seitenlänge für die A-Dreiecke; zwei Quadrate mit 6 7/8" (17,6 cm) Seitenlänge für die D-Dreiecke; vier 6 1/2" x 24 1/2" (16,5 x 61,3 cm) große Streifen für die schmalen C-Randstreifen; vier Quadrate mit 12 1/2" (31,5 cm) Seitenlänge für die großen F-Eckquadrate.

1

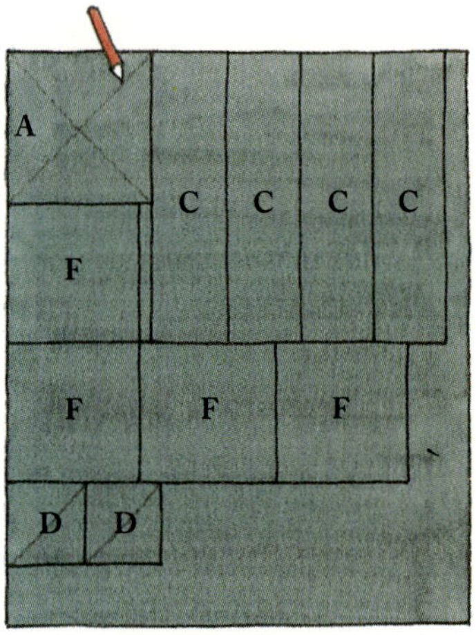


2

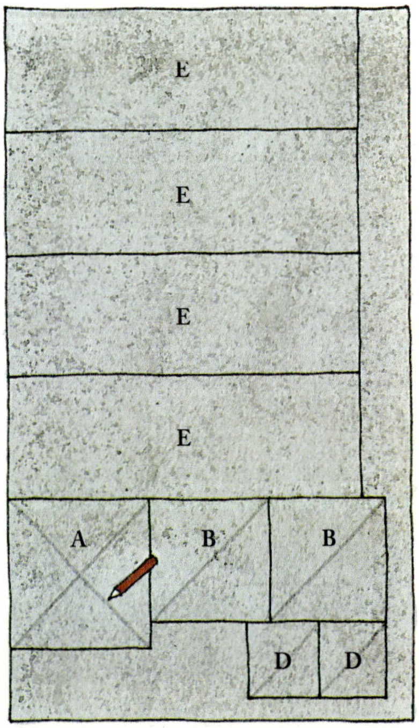


*2* Aus dem hellen Stoff schneiden: ein Quadrat mit 13 1/4" (33,8 cm) Seitenlänge für die A-Dreiecke; zwei Quadrate mit 12 7/8" (32,6 cm) Seitenlänge, jedes dieser Quadrate diagonal in zwei B-Dreiecke halbieren; zwei Quadrate mit 6 7/8" (17,6 cm) Seitenlänge für die D-Dreiecke; vier Streifen von 12 1/2" x 36 1/2" (31,5 x 91,5 cm) Größe für die breiten E-Randstreifen.

## NÄHEN

*1* Das mittlere Windrad aus Quadratviertel-Dreiecken nach der Rastermethode (siehe nächste Seite) arbeiten. Dazu auf der linken Seite des hellen A-Quadrats beide Diagonalen markieren, rechts auf rechts mit dem dunklen A-Quadrat zusammenstecken und 1/4" (6 mm) breit gegen den Uhrzeigersinn zu beiden Seiten jeder Diagonale aufeinandersteppen. Bügeln, dann entlang den markierten Diagonalen in vier Dreieckpaare zerteilen. Zum dunklen Stoff hin falzen.

*2* An jedes A-Dreieckspaar ein B-Dreieck ansetzen. Nahtzugaben zum B-Dreieck hin drücken. Zusammengesetzte Quadrate paarweise zusammennähen und die Nahtzugaben zu den helleren Stoffen hin falzen. Quadrate paarweise zusammennähen und die mittlere Nahtkreuzung glätten (siehe Seite 99).

*3* An die gegenüberliegenden Seiten des mittleren Windradquadrats zwei schmale C-Randstreifen ansetzen. Nahtzugaben nach außen bügeln.

*4* Für Dreiecke aus Quadrathälften auf der linken Seite eines dunklen D-Quadrats eine Diagonale markieren. Rechts auf rechts auf ein helles D-Quadrat stecken und beidseitig der Markierungslinie 1/4" (6 mm) breit aufeinandersteppen. An der markierten Diagonale zwischen den beiden Nahtlinien zerschneiden. Auf die gleiche Weise die anderen beiden D-Quadrate halbieren.

*5* Die Dreieckquadrate an beiden Enden der übrigen beiden C-Randstreifen ansetzen, aber zuvor die Farbanordnung überprüfen. Dann Randstreifen mit der Ober- bzw. Unterkante des Mittelquadrats verbinden.

*6* An jeder Seite des Mittelquadrats einen breiten E-Randstreifen ansetzen. An die Enden der anderen beiden E-Randstreifen ein F-Eckquadrat nähen und die Streifen mit der Ober- bzw. Unterkante des Mittelquadrats verbinden. Bügeln.

### Rastermethode für schnelle Dreiecke

*1* Endgröße und erforderliche Anzahl der Quadrate bestimmen. Zwei Stoffe wählen, die groß genug für den Raster sind.

*2* Für Dreiecke aus Quadrathälften auf der linken Seite des einen Stoffs mit Hilfe des Lineals einen Raster aus Quadraten zeichnen, die 7/8" (2,6 cm) größer sind als die fertigen Dreiecksquadrate. Halb so viele Quadrate aufzeichnen wie insgesamt benötigt.

*3* Durch jedes Quadrat eine Diagonale zeichnen. Die beiden Stoffe rechts auf rechts aufeinanderstecken und beidseitig der Diagonalen knapp 1/4" (6 mm) breit zusammensteppen (Abb. 3). Bügeln.

3

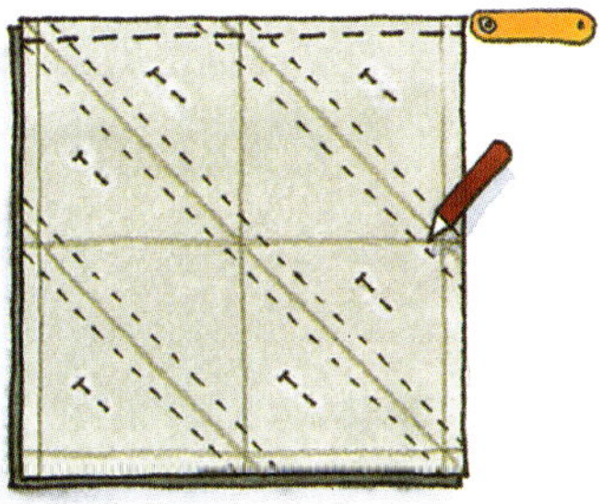

*4* Zuerst entlang den Quadratkanten auseinanderschneiden, dann zwischen den Nahtlinienpaaren. Die wenigen über den Dreieckspitzen liegenden Stiche auftrennen. Nahtzugaben falzen.

*5* Für Dreiecke aus Quadratvierteln die Rasterquadrate 1 1/4" (3,7 cm) größer als die fertigen Quadrate zeichnen. Dann beide Diagonalen einzeichnen.

*6* Stoffe aufeinanderstecken und im Abstand von 1/4" (6 mm) entlang den Diagonalen steppen. Je nach der erforderlichen Dreiecksanordnung entweder rechts oder links von den Diagonalen nähen (Abb. 4), dabei wird am Ende jeder Nahtlinie die Nadel angehoben und auf den Anfang der nächsten Linie gerückt – oder auf beiden Seiten nur einer Diagonale. Bügeln. Zuerst an den Quadratlinien, dann an beiden Diagonalen entlangschneiden.

4

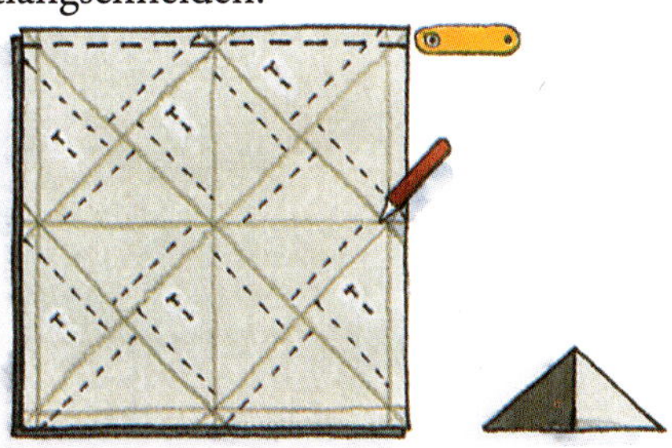

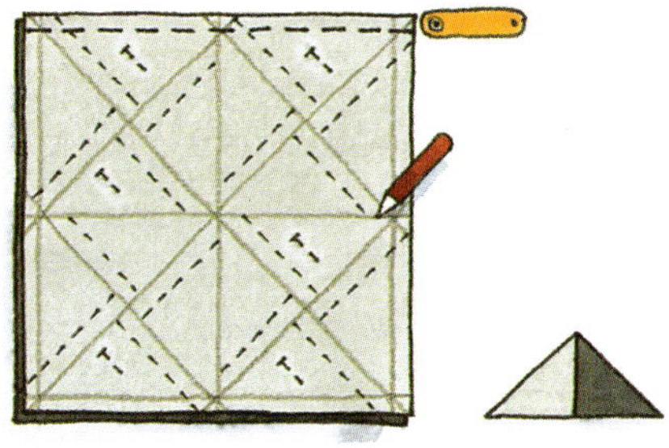

*7* Möglicherweise ist es einfacher, die Dreiecke nach derselben Methode, aber auf Streifen oder einzelnen Quadraten zu markieren und zu nähen. Die Schneideunterlage mit ihren Kantenmaßmarkierungen erleichtert Ihnen das Aufzeichnen der Rasterquadrate.

### QUILT FERTIGSTELLEN

*1* Nach dem Quiltplan (siehe Seite 100) die Position der Knotenpunkte markieren. Den Quilt so montieren (siehe Seite 14), daß Unterstoff und Vlies an allen Sei-ten gleich breit überstehen.

*2* Die Quiltlagen nach der Knotenmethode verbinden. Der abgebildete Knoten ist leichter, schneller und mit geringerem Garnverbrauch zu arbeiten als der sonst übliche. Und so wird es gemacht: In eine spitze Nadel mit großem Öhr einen langen, doppelten Faden einfädeln und an den Markierungspunkten Knoten knüpfen. Dazu einen Stich durch alle Lagen hindurch arbeiten, Faden durchziehen und auf der Oberseite ein 2" (5 cm) langes Ende stehenlassen. Das Garn um das Endstück herum zu einer Schlinge legen, mit einer Hand das Ende festhalten und gleichzeitig mit der anderen die Nadel vorne durch die Schlinge führen. Nadel und Fadenende festziehen, damit der Knoten dicht an der Quiltoberfläche liegt, dann die Fadenenden bis auf 1" (2,5 cm) kürzen (Abb. 5).

5

*3* Vlies auf die Größe der Quiltoberseite zurückschneiden und die Rückseite rundum 1 1/2" (4 cm) größer als die Oberseite schneiden. Mit einer umgeschlagenen Einfassung versäubern (siehe Seite 99).

# *Square-Dance-Quilt*

Anfang der siebziger Jahre habe ich diesen Block entworfen und für das Baby von Freunden meinen ersten Quilt in blau und weiß gemusterten Laura-Ashley-Stoffen gearbeitet. Ich hatte alle Nähte von Hand gearbeitet – eine relativ aufwendige Sache. Der einfache Block wirkt bewegt, da er auf die Spitze gestellt ist und mit einfarbigen Blöcken abwechselt. Er gewinnt an Ausdruckskraft, da die Farbe des Hintergrundes in ihn übergeht. Ich hatte die Stoffe noch vorrätig: einen Popelin in dunklem Pink und einen gesprenkelten Vorhangstoff, der das Pink aufgreift. Für das Nähen von Hand waren beide jedoch zu dicht gewebt. Statt einer zeitaufwendigen Einfassung bekam der Quilt eine schmale Umrandung, die das Patchwork einrahmt. Die Arbeitszeit betrug insgesamt 13 1/2 Stunden.

Die Eckquadrat-Dreieckstechnik (auch als Connectors bekannt) für die Blockmitte (siehe Seite 135) ist relativ neu für mich, doch ich finde sie sehr hilfreich. Mit Hilfe dieser Technik werden die B-Dreiecke an die A-Quadrate angesetzt (siehe Blockschema). Außerdem bleibt der Fadenlauf korrekt, auch wenn das Mittelquadrat des Blocks auf der Spitze steht. Diese Methode eignet sich vor allem für Ecken von Quadraten oder Rechtecken (wie bei den Flying Geese und Trapezen) und erfordert keine schwierigen Berechnungen, da einfach eine Standardnahtzugabe von 1/2" (1,3 cm) hinzugegeben wird. Als Reste fallen kleinere Dreiecke ab, die Sie für ein anderes Projekt nutzen können.

Die pinkfarbenen Quiltlinien sind eine neue Technik, die ich speziell für diesen Quilt entwickelt habe. Um Zeit zu sparen und keine Stepplinien markieren zu müssen, habe ich Stickgarn sowohl als Arbeitshilfe beim Maschinenquilten als auch als Verzierung verwendet und mit einem langen, schmalen Überfang-Zickzackstich fixiert.

**Quiltmaße:** 38" x 50" (95 x 125 cm)

**MATERIAL**

Alle Stoffe, die für die Quiltoberseite verarbeitet wurden, liegen 45" (115 cm) breit.

**Gemusterter Stoff:** 1 yard (1 m)
**Einfarbiger Stoff:** 2 1/4 yards (2,25 m)
**Vlieseinlage:** Polyestervlies, 1 1/4 yards (1,25 m) lang, 60" (150 cm) breit
**Rückseite:** Nessel, 1 1/4 yards (1,25 m) lang, 60" (150 cm) breit
**Stickgarn:** etwa 33 yards (33 m), sechsfädig

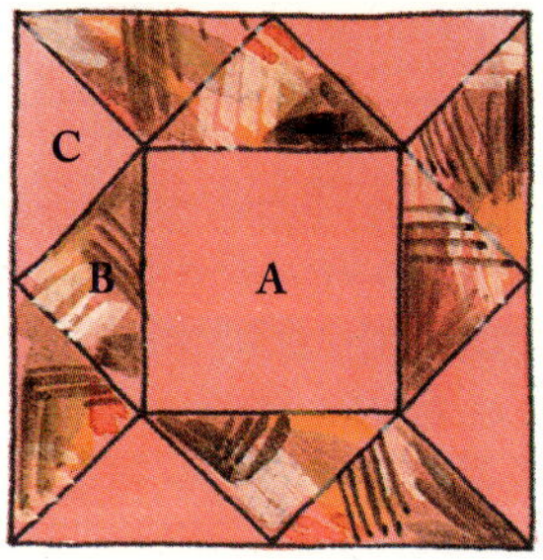


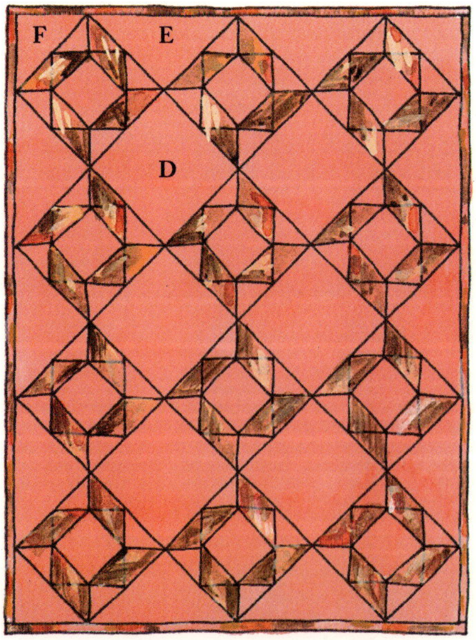

## ZUSCHNEIDEN

*1* Aus dem gemusterten Stoff nach dem Zuschneideplan (Abb. 1) folgende Teile zuschneiden:
für den Rand aus der Breite fünf 1 1/2" (4 cm) breite Streifen und daraus zwei 36 1/2" (91,5 cm) lange Streifen. Die restlichen Streifenstücke aneinandernähen und daraus zwei 50 1/2" (126,5 cm) lange Randstreifen schneiden.
Fünf aus der Breite geschnittene 3 1/2" (9 cm) breite Streifen in 48 Quadrate für B-Dreiecke zerteilen; drei aus der Breite geschnittene 3 7/8" (10,1 cm) breite Streifen in 24 Quadrate zerteilen und diese diagonal in C-Dreiecke halbieren.

1

*2* Aus dem einfarbigen Stoff nach dem Zuschneideplan (Abb. 2):
drei aus der Breite geschnittene 3 7/8" (10,1 cm) breite Streifen in 24 Quadrate zerteilen und diese diagonal in C-Dreiecke halbieren;
aus der Breite zwei 6 1/2" (16,5 cm) breite Streifen schneiden und in zwölf A-Quadrate zerteilen;
einen aus der Breite geschnittenen 13 1/4" (33,8 cm) breiten Streifen in drei Quadrate zerteilen und diese diagonal in zwölf E-Eckdreiecke vierteln;
einen aus der Breite geschnittenen 9 3/8" (23,5 cm) breiten Streifen in zwei Quadrate zerteilen und diese diagonal in vier F-Eckdreiecke halbieren;
zuletzt aus dem restlichen einfarbigen Stoff mit Hilfe eines F-Teils eine Ecke diagonal abschneiden und von dieser Diagonale ausgehend sechs D-Quadrate mit einer Seitenlänge von 9" (22,8 cm) schneiden.

2

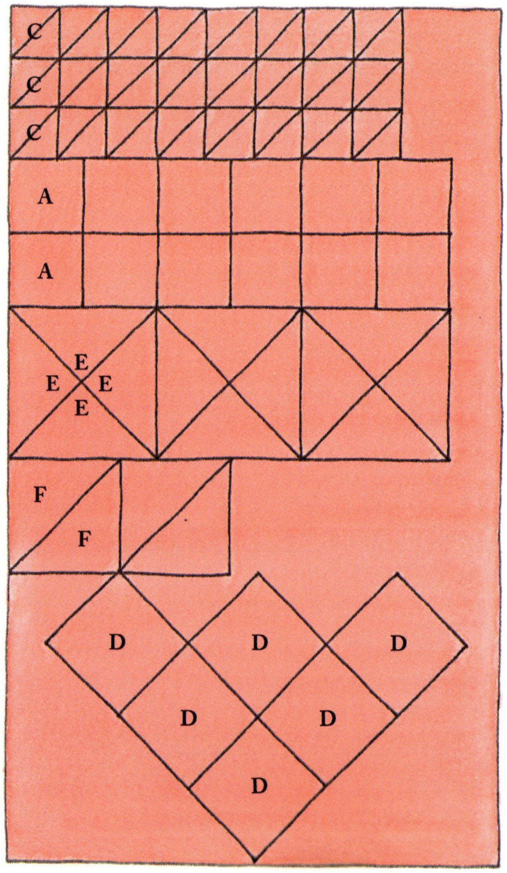


## NÄHEN

*1* Auf der linken Seite von jedem B-Teil eine Diagonale markieren. Dann nach der Eckquadrat-Dreieck-Technik (siehe Seite 135) ein B-Quadrat rechts auf rechts in einer Ecke eines A-Quadrats feststecken (Abb. 3).
An der markierten Diagonale entlangsteppen und das gleiche bei den übrigen A-Quadraten mit der Kettennähmethode (siehe Seite 12) wiederholen. Ecken 1/4" (6 mm) von der Nahtlinie entfernt abschneiden und die Nahtzugaben zum kleinen Dreieck hin falzen.

3

*2* Das gleiche bei den anderen drei Ecken der A-Quadrate wiederholen. Zum Schluß bleiben 48 kleine einfarbige und gemusterte Dreiecke übrig, die Sie für ein anderes Projekt nutzen können.

*3* Ein einfarbiges C-Dreieck rechts auf rechts auf ein gemustertes legen und an den kurzen Kanten von der Basis bis zur rechtwinkligen Spitze zusammensteppen (Abb. 4). Die übrigen C-Dreiecke in einer Kette zusammennähen. Nahtzugaben zur gemusterten Seite hin falzen.

4

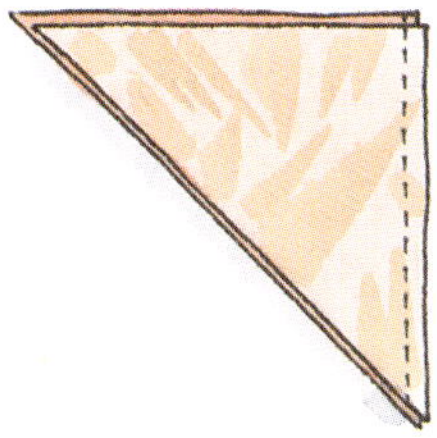

*4* Um Blöcke zu bilden, C-Dreieck-Verbindungen an den Ecken von A-B-Verbindungen feststecken und -nähen. Nur falzen, da die Kanten schräg geschnitten sind und sich leicht verziehen.

## OBERSEITE VERVOLLSTÄNDIGEN

*1* Blöcke abwechselnd mit einfarbigen D-Blöcken verbinden und an den Kanten und Ecken E- und F-Dreiecke ansetzen (siehe Quiltplan). In diagonalen Reihen arbeiten und diese zuletzt zusammennähen. Bügeln.

*2* Die beiden kurzen Randstreifen an die kurzen Quiltkanten und dann die beiden langen Randstreifen an die langen Quiltkanten stecken und nähen. Die Randnahtzugaben nach außen bügeln.

## QUILT FERTIGSTELLEN

*1* Rückseite, Vlieseinlage und Oberseite montieren (siehe Seite 14).

*2* Mit weißem Unterfaden und einem Oberfaden, der zur Quiltoberseite paßt, alle gemusterten Patchworkformen auf der Maschine umsteppen (siehe Seite 14). Dicht an den Nahtlinien entlangquilten – und zwar auf der Seite ohne Nahtzugaben.

*3* Es empfiehlt sich, vor dem Überfangquilten der einfarbigen Bereiche diese Technik zu üben. Dazu auf der Nähmaschine einen langen, schmalen Zickzackstich einstellen. Das Stickgarn auf den Stoff legen, eine Stecknadel zum Sichern quer darüberstecken und ein 2"-3" (5-7,5 cm) langes Fadenende darumwickeln. Faden in einer geraden Linie zu einer zweiten Stecknadel spannen und wie zuvor sichern. Beide Nadeln stecken knapp hinter den Enden der gewünschten Quiltlinie (Abb. 5). Den Faden vom Anfangspunkt bis zum Ende mit der Maschine im Zickzackstich fixieren. Dabei sollten die Stiche nicht über das Garn hinauslaufen. Maschinennadel im Stoff lassen, zweite Stecknadel entfernen, Nähfuß heben und die Arbeit drehen. Garn hinter der Maschinennadel herumführen, dann gerade in die neue Richtung legen und knapp hinter dem nächsten Wendepunkt feststecken. Neue Fadenlinie mit Überfang-Zickzackstichen fixieren und auf diese Weise das Sternenmuster fertigstellen. Ein Fadenende stehen-

5

lassen. Fadenenden in die Vlieseinlage einziehen. Kanten- und Eckdreiecke auf die gleiche Weise quilten, aber mit nur einem Teil des Musters.

*4* Zuletzt die Vlieseinlage auf die gleiche Größe wie die Oberseite schneiden und die Rückseite etwa 1/2" (1,5 cm) größer. Dann eine Einfassung mit geraden Ecken arbeiten, indem Sie vorne einen 1/4" (6 mm) breiten und hinten einen etwas breiteren Saum einschlagen, dabei die Wattierungskante einrollen und -schließen. Durch beide Stoffe hindurch knappkantig aufsteppen.

# *Blumenkorb-Parade*

Die Dreieck-Technik, die ich hier angewandt habe, heißt „Dreiecke aus einem Schlauch" (triangles from a tube). Das Muster für diesen Quilt ergab sich ganz nebenbei. Schon oft habe ich das Roman-Stripes-Muster in dieser Technik für sehr schnelle Quilts gearbeitet und es immer als Nachteil empfunden, daß bei der üblichen geraden Anordnung der Blöcke alle Kanten schräg zum Fadenlauf geschnitten waren und entsprechend eine im Fadenlauf geschnittene Umrandung brauchten, um sich nicht zu verziehen. Ich wollte es daher einmal mit auf die Spitze gestellten Blöcken probieren, die mich beim Aufzeichnen an Vasen oder Körbe erinnerten. Für die Streifen wählte ich Stoffe in leuchtenden Farben, die sich in der Umrandung wiederholen, und als Hintergrund Nessel. Zum Schluß malte und druckte ich mit Textilmalfarben einfache Blumen auf. Es ist immer wieder erstaunlich, wie Farben sich gegenseitig beeinflussen. Bei der Stoffwahl für die Streifen (wie auch für jedes andere Patchwork) sollten Sie die Ballen daher aufeinanderlegen, um die Wirkung zu prüfen. Von seiner Größe her eignet sich der Quilt als Überwurf, als Kniedecke oder sogar als Wandbehang. Die Arbeitszeit betrug etwas mehr als 14 Stunden.

**Quiltmaße:** 59 1/2" x 59 1/2" (150 x 150 cm)

**MATERIAL**

Alle für die Quiltoberseite verarbeiteten Stoffe liegen 45" (115 cm) breit.

**Fünf einfarbige Stoffe für die zusammengesetzten Dreiecke und Randstreifen:** je 3/4 yard (0,75 m)

**Nesselhintergrund:** 2 1/2 yards (2,50 m)

**Textilmalfarben**

**Vlieseinlage:** Polyestervlies von 62" x 62" (155 x 155 cm) oder ein Stück Vlies in Übergröße

**Rückseite:** Bettuchstoff, 2 yards (2 m) lang, 90" (230 cm) breit

## ZUSCHNEIDEN UND NÄHEN

*1* Aus jedem der fünf farbigen Stoffe aus der Breite acht 2" (5 cm) breite Streifen schneiden. Diese an den Enden verbinden und die Nahtzugaben auseinanderbügeln. In dieser Phase noch keine Nesselteile zuschneiden.

*2* Zwei verschiedenfarbige Streifen zusammennähen. Dabei den zweiten Streifen 1 1/2" (4 cm) nach innen versetzt beginnen lassen. Die übrigen Farben ebenso versetzt annähen (Abb. 1). Nahtzugaben in eine Richtung bügeln. Streifenbreite überprüfen: Sind Ihre Nahtzugaben exakt, beträgt die Breite 8" (20 cm), wenn nicht, ist das auch kein Problem. Meine Streifen waren ein wenig zu schmal, da alle vier Nahtzugaben zu breit geraten waren. Wegen solcher Maßdifferenzen empfehle ich jedoch, nicht sofort alle Teile zuzuschneiden!

1

*3* In den ermittelten Maßen zwei Nesselstreifen quer zuschneiden. Kurze Enden aneinandernähen und die Nahtzugaben auseinanderbügeln. Rechts auf rechts auf die Streifeneinheit legen und an beiden langen Seiten aufeinandersteppen (Abb. 2). Bügeln.

2

*4* Aus diesem „Streifenschlauch" neun Dreiecke schneiden (siehe unten). Am besten nehmen Sie ein großes Zeichendreieck zu Hilfe oder eine Dreieckschablone aus Karton, deren Höhe genau der Breite des Schlauchs entspricht, und markieren jedes Teil (Abb. 3). Die wenigen Stiche an den Dreieckspitzen auftrennen und die Nahtzugaben zu den Streifen hin bügeln.

3

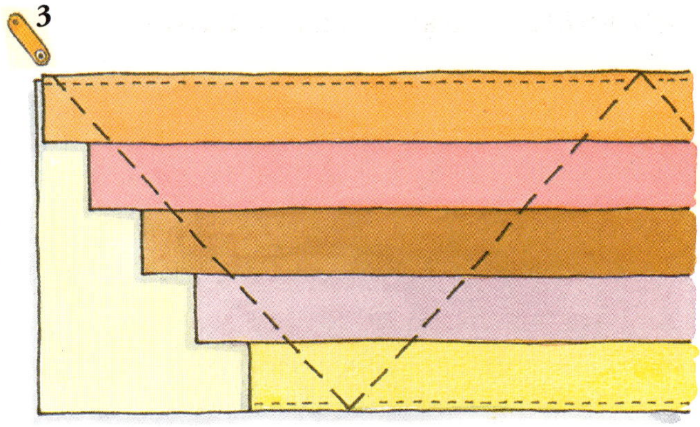

### Dreiecke aus einem Schlauch

Die Dreiecksmaße sind problemlos veränderbar. Die zusammengesetzten Quadrate haben schräge Kanten, wenn sie aus Streifen mit geradem Fadenlauf geschnitten werden (Abb. 4a), bei Quadraten aus Schrägstreifen dagegen sind die Kanten gerade. Sie können die Dreiecke auch aus Quadratvierteln arbeiten, wenn Sie anders zuschneiden (Abb. 4b, c und d).

4a

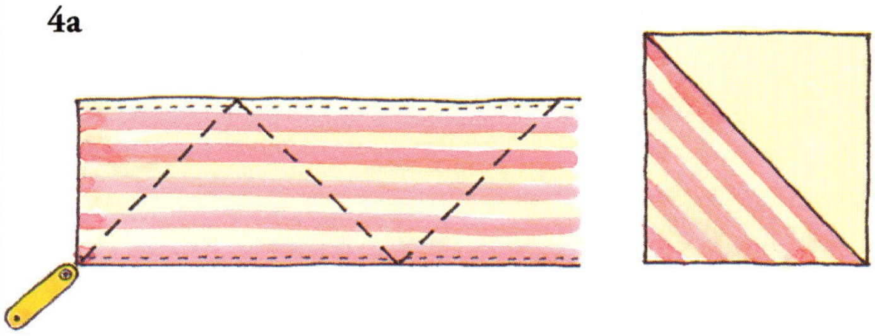

b

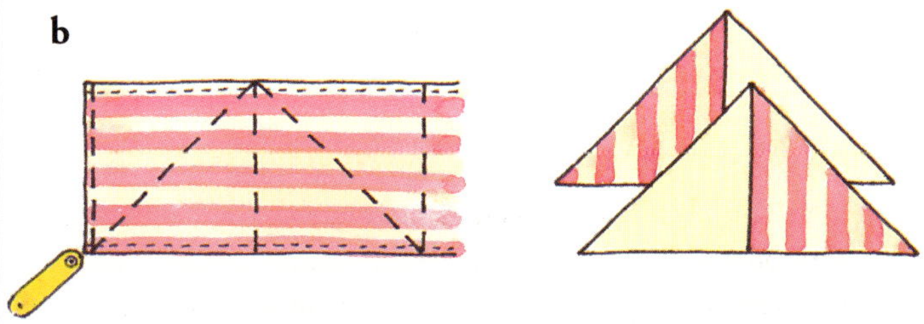

c

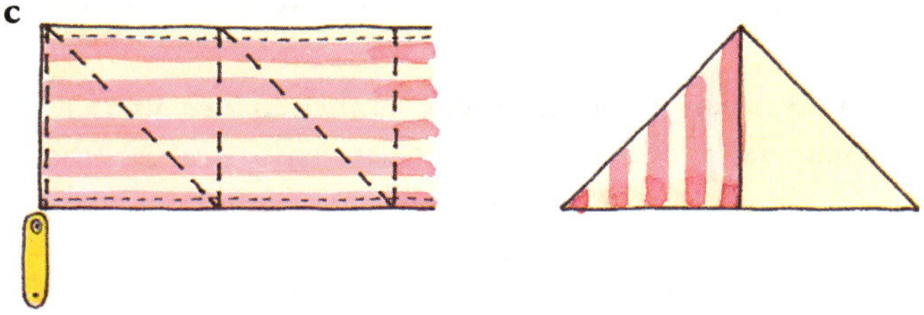

d

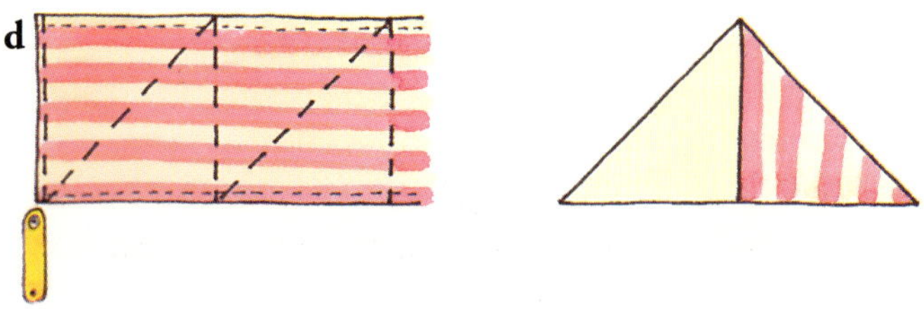

## OBERSEITE VERVOLLSTÄNDIGEN

*1* Die Blockseiten ausmessen. Zum Aufzeichnen der Nesselteile für den Hintergrund aus Karton drei Schablonen in den folgenden Maßen anfertigen: ein C-Quadrat mit derselben Seitenlänge wie der ausgemessene Block, ein E-Dreieck, dessen lange Seite 3/4" (2 cm) größer ist als die Blockseite, und ein D-Dreieck, dessen kurze Seiten 3/8" (1 cm) größer sind als die Blockseiten. Diese Schablonen kennzeichnen.

*2* Nach der Zuschneidevorlage (Abb. 5) den Hintergrundnessel in vier C-Blöcke, acht D-Seitendreiecke und vier E-Eckdreiecke schneiden.

5

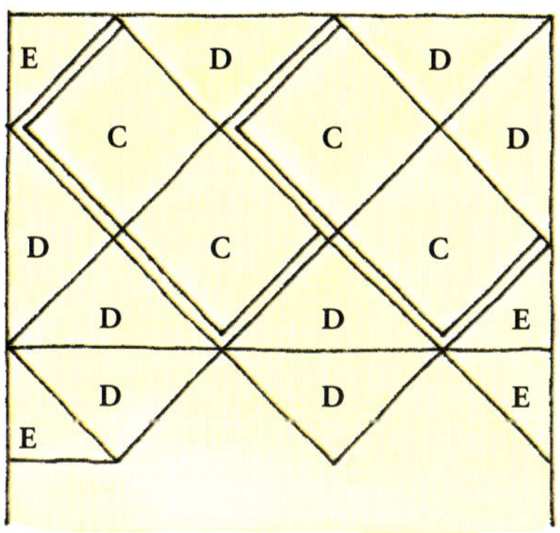


*3* Die Körbe wurden in zwei Farbfolgen gearbeitet: fünf in der einen und vier in der anderen. Teile auslegen, zu diagonalen Reihen zusammenstecken und -nähen. Nahtzugaben von den Streifen weg bügeln.

*4* Die Reihen laut Quiltplan zusammenstecken und -nähen. Dabei saubere Nahtkreuzungen arbeiten (siehe Seite 12). Nahtkreuzungen glätten (siehe Seite 99). Bügeln. Stoffüberschuß bei den Seiten- und Eckdreiecken mit dem Rollschneider bis auf 1/4" (6 mm) von den Blockspitzen entfernt abschneiden. Oberseite ausmessen.

*5* Aus den restlichen Streifeneinheiten vier Streifen schneiden: so lang wie eine Seitenkante plus zweimal die Streifenbreiten plus 4" (10 cm), insgesamt etwa 64" (160 cm). Auf der linken Nesselseite 1/4" (6 mm) von den Ecken entfernt einen Punkt markieren.

*6* Ersten Streifen so an eine Seite stecken, daß an beiden Enden gleich viel übersteht. Quiltoberseite mit der linken Seite nach oben legen und den Streifen von Punkt zu Punkt aufnähen. Dabei am Ende einige Rückstiche arbeiten. Den angrenzenden Randstreifen aufstecken und -nähen. Beim Nähen darauf achten, daß der erste Streifen zurückgeklappt ist. Ebenso die anderen beiden Randstreifen ansetzen.

*7* Für die schrägen Ecken den Quilt rechts auf rechts diagonal falten, so daß der Eckwinkel genau 45° mißt und die Randnähte und -ecken übereinstimmen. Mit einem Lineal die Bruchlinie quer über die Umrandung verlängern (Abb. 6). Über diese Linie steppen und am Nahtende ein paar Rückstiche arbeiten. Stoffüberschuß abschneiden und die Nahtzugaben auseinanderbügeln. Vorgang bei den anderen Ecken wiederholen.

6

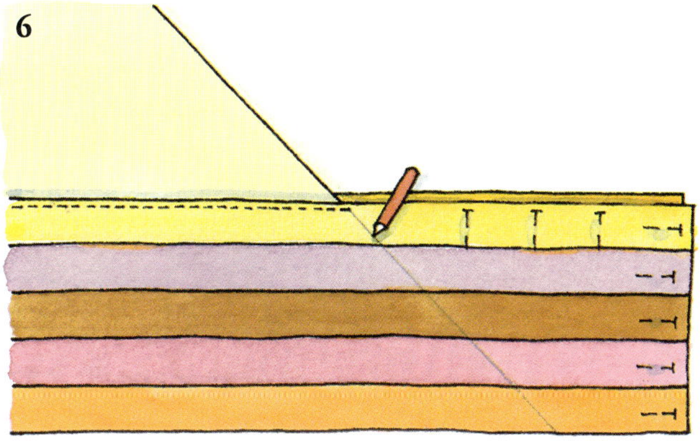

*8* Zum Schluß ganz nach Ihren Vorstellungen in die Dreiecke über den Körben mit Textilfarben Blumen und Blätter malen, drucken oder aufschablonieren.

## QUILT FERTIGSTELLEN

*1* Nur Oberseite und Wattierung aufeinanderlegen und mit Sicherheitsnadeln zusammenstecken (siehe Seite 14). An den Nahtlinien der Randstreifen (außer am inneren Streifen) und um den Korb herum quilten. Ich habe als Oberfaden unsichtbares Nylongarn verwendet und als Unterfaden weißes Baumwollnähgarn. Rückseitenstoff aufnähen und den Quilt verstürzen (siehe Seite 13). Durch alle Lagen hindurch wieder zusammenstecken. An der Nahtlinie des inneren Randstreifens quilten.

*2* Sie können auch zusätzliche Muster steppen (etwa vier bis sechs Stunden mehr Arbeitszeit). Die Randstreifen wie zuvor quilten, dann in gleichen Abständen senkrechte Linien auf den Nesselquadraten markieren und steppen. Für die farbigen Bereiche einen unsichtbaren Nylonfaden und für den Nessel weißes Garn verwenden. Fortfahren wie oben beschrieben.

# *Flying-Geese-Variation*

Das Flying-Geese-Muster ist ein aus Streifen zusammengesetztes traditionelles Patchworkmuster. Dabei wechseln gemusterte Stoffe zwischen den Gänsestreifen. Häufig kommen Flying Geese in Blockmustern vor, sind dann aber nicht immer auf Anhieb zu erkennen (siehe Seite 92).
Bei dieser Baby- oder Kniedecke habe ich den Gänsestreifen so angeordnet, daß er sich über und unter sich selbst herzuschlingen scheint. Die großen Dreiecke bestehen aus Patchworkstoff in leuchtend bunten Madraskaros, die sich effektvoll vom Hintergrund in einfarbigem Marineblau absetzen. Die Steppmuster in den einfarbigen Bereichen wiederholen die Schlingenformen. Die Arbeitszeit betrug etwa 14 1/2 Stunden.

**Quiltmaße:** 57" x 57" (145 x 145 cm)

**MATERIAL**
Alle für die Quiltoberseite verarbeiteten Stoffe liegen 45" (115 cm) breit.
**Gänsestoff:** 1 yard (1 m) fertiges Patchwork (nicht gestreift)
**Hintergrund und Rand:** 3 yards (3 m)
**Vlieseinlage:** Polyestervlies, 1 3/4 yards (1,75 m) lang, 60" (150 cm) breit
**Rückseitenstoff:** Baumwollnessel, 1 3/4 yards (1,75 m) lang, 60" (150 cm) breit

## ZUSCHNEIDEN

*1* Aus der Breite des Patchworkstoffs 7 1/4" (18,8 cm) breite Streifen schneiden und sie quer in 20 Quadrate zerteilen. Bei jedem Quadrat auf der rechten Stoffseite beide Diagonalen markieren.

*2* Aus dem Hintergrundstoff nach der Zuschneidevorlage (Abb. 1) zuerst der Länge nach vier 3 1/2" (9 cm) breite Streifen schneiden. Diese dann in zwei 51 1/2" (129 cm) lange E-Randstreifen, zwei 57 1/2" (144 cm) lange F-Randstreifen und zwölf 6 1/2" (16,5 cm) lange B-Rechtecke zerteilen.

1

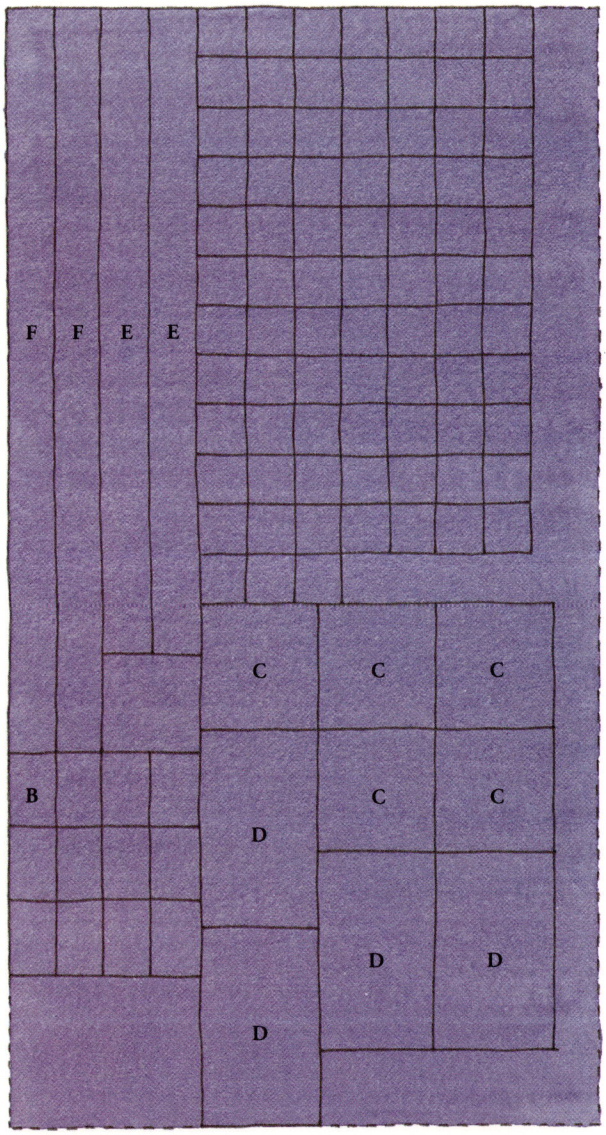


*3* Aus der Breite des restlichen Hintergrundstoffs zwölf 3 7/8" (10,1 cm) breite Streifen schneiden und sie quer in 80 Quadrate zerteilen. Bei jedem Quadrat auf links eine Diagonale markieren.

*4* Aus dem Reststoff der Länge nach drei 9 1/2" (24 cm) breite Streifen schneiden und sie in fünf C-Quadrate und vier 15 1/2" (39 cm) lange D-Rechtecke zerteilen.

## FLYING GEESE ARBEITEN

*1* An zwei gegenüberliegenden Ecken eines Gänsequadrats rechts auf rechts ein kleines Hintergrundquadrat feststecken. Die Ecken und die Diagonalen von Hintergrund- und Gänsequadraten müssen genau übereinstimmen.

*2* Die Ecken der kleinen Quadrate entlang der Mittellinie abschneiden, wo sie sich kreuzen und überlappen. Dabei sollten die Schnittkanten aneinanderstoßen (Abb. 2).

2

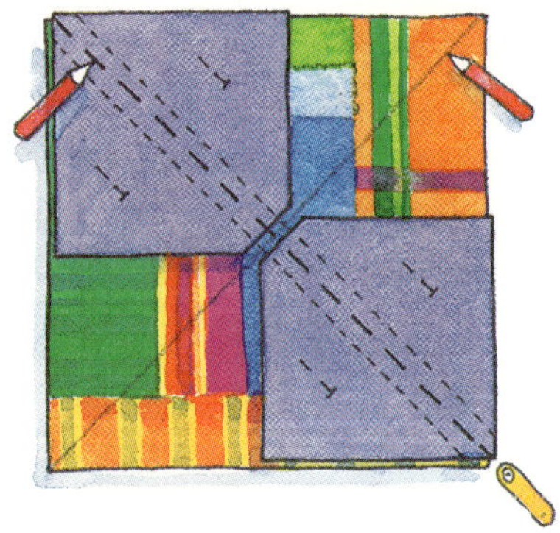

*3* Auf die gleiche Weise die übrigen Gänsequadrate feststecken. Die Hälfte der Hintergrundquadrate für den nächsten Schritt zur Seite legen.

*4* Jedes Quadrat zu beiden Seiten der Diagonale im Abstand von 1/4" (6 mm) im Kettennähverfahren (siehe Seite 12) absteppen und dann zwischen den beiden Nahtlinien an der Diagonale entlang halbieren.

*5* Die kleinen Dreiecke jeder Hälfte vom größeren Dreieck weg falzen. Ein Hintergrundquadrat so in der Ecke feststecken, daß die Diagonale mit der darunter übereinstimmt. Beidseitig der Diagonalen steppen (Abb. 3), alle Hälften in einer Kette aneinandernähen.

Dann zwischen den Nahtlinien zu zwei Flying Geese auseinanderschneiden. Nahtzugaben von den Gänsen weg falzen. Erst mit dem Eisen bügeln, wenn alle Gänseeinheiten mit dem übrigen Patchwork verbunden sind.

3

## OBERSEITE VERVOLLSTÄNDIGEN

*1* Jedes der zwölf B-Rechtecke an der Spitze einer Gans ansetzen.

*2* Die Gänse so zu 16 Dreierreihen, zwei Achterreihen und zwei Zweierreihen zusammennähen, daß alle in dieselbe Richtung weisen. Eventuell vorher stecken. Nahtzugaben zu den Gänsen darüber falzen.

4

*3* Nach der Nähvorlage (Abb. 4) die Gänsestreifen mit den Hintergrundteilen verbinden. Dabei zuerst fünf horizontale Reihen arbeiten und diese anschließend zusammennähen. Bügeln.

*4* Die beiden E-Randstreifen an der Quiltober- bzw. -unterkante ansetzen. Die beiden F-Randstreifen mit den Seiten verbinden. Bügeln.

## QUILT FERTIGSTELLEN

*1* Die Patchworkseite mit Sicherheitsnadeln auf das Vlies stecken. Mit einem zum Hintergrund passenden Oberfaden und weißem Unterfaden auf der Maschine quilten (siehe Seite 14), dabei dicht um alle Gänse herum arbeiten. Das Quilten kann in einem Zug durchgeführt werden: Im Mittelquadrat beginnen, fertigstellen, zur Seite ziehen und bei der äußeren Eckschlinge einer Gans fortsetzen. Dann geht es zu den Innenkanten und wieder nach außen.

*2* Rückseite auf die Quiltoberseite legen, entlang den Kanten zusammenstecken und -steppen und verstürzen (siehe Seite 13). Quiltvorlage (Abb. 5, nächste Seite) kopieren, auf Karton kleben und ausschneiden.

*3* Quiltmuster in der Mitte der C-Quadrate und D-Rechtecke markieren. Jedes Motiv in freiem Maschinenquilten (siehe Seite 15) arbeiten. Teilmotive in den äußeren Bereichen der D-Rechtecke markieren und aufsteppen. Die Muster gehen auf der Umrandung in eine Doppelstepplinie von gleicher Breite über (Abb. 6).

6

5

## ALTERNATIVEN

*1* Verschiedene Farben: Kaufen Sie für die Gänse fünf einfarbige „fat quarters" im amischen Farbstil mit schwarzem Hintergrund.

2 Verschiedene Größen: Das Muster eignet sich nicht zur Größenveränderung, außer man vergrößert oder verkleinert die Patchworkteile selbst. Das aber erfordert genaueste Berechnung, ausgehend von den Gänsemaßen.
Die Gänse in diesem Quilt messen 3" x 6" (7,5 x 15 cm). Gänse sind stets doppelt so breit wie hoch. Wenn Sie die Maße verändern möchten, schneiden Sie die Quadrate größer als im vorgesehenen Endmaß zu: das Gänsequadrat 1 1/4" (3,8 cm) und die vier Hintergrundquadrate 7/8" (2,6 cm) größer.
Diese fünf Quadrate ergeben nach der beschriebenen Methode ein „Rezept" für vier Gänse. Für die Gänse eignen sich einfarbige, gemusterte und karierte Stoffe, nicht aber gestreifte, es sei denn, Sie nehmen zwei quer- und zwei längsgestreifte.

*3* Knoten: Um die Arbeitszeit zu verkürzen, den Quilt montieren, verstürzen und die drei Lagen dann nach der Knotenmethode sichern (siehe Seite 103). Zum Schluß rundum 1/4" (6 mm) von den Kanten entfernt absteppen.

# *Medaillon-Quilt*

Im 18. und frühen 19. Jahrhundert, bevor bei uns das Block-Patchwork bekannt wurde, standen Medaillon-Quilts hoch im Kurs. Bei diesem Quilttyp wurde in der Mitte ein speziell gedrucktes Motiv, zum Beispiel ein Blumenstrauß, oder ein Patchworkstück plaziert. Den passenden „Rahmen" bekam das Ganze mit einer Umrandung aus Streifen, bedruckten Stoffen bzw. Patchwork. Die Patchworkstoffe stammten aus der Flickenkiste: ein Sammelsurium aus verschiedenen wertvollen Baumwoll- und Leinendrucken, oftmals auch wiederverwertet und bereits mit anderen Stoffen kombiniert.
Heute haben die meisten Quilt- und Stoffgeschäfte eine große Auswahl an bedruckten Stoffstücken vorrätig.
Mir gefielen dieses „Pseudo-Patchwork" und die scheinbar applizierte Blumenvase in leuchtenden Farben, außerdem entsprachen die Maße von 16" x 16" (40 x 40 cm) durchaus dem Standard. Bei diesem Quilt sind die Arbeitsanleitungen eher erläuternd als exakt, da die Größe der Stoffstücke variieren kann.
Zunächst hatte ich die Absicht, einen Musterquilt mit verschiedenen Dreiecksvarianten und nur aus Dreiecken bestehenden Patchworkformen zu arbeiten. Doch diese Idee hätte mich bald in ernsthafte Konflikte mit der angekündigten Zeitbegrenzung auf „ein freies Wochenende" gebracht. So entschied ich mich der Einfachheit halber für die Rastermethode. Das Mittelstück selbst war in sehr auffallenden Farben gearbeitet, so daß ich bei Patchwork und Randstreifen vier einfarbige Stoffe einsetzte. Da die Mitte zu stark gequiltet war, zog sich der Stoff an dieser Stelle zusammen, und es ergaben sich wellige Ecken. Daher empfiehlt es sich, entweder die Umrandung stärker oder die Mitte weniger stark abzusteppen.

**Quiltmaße:** 30" x 30" (75 x 75 cm)

**MATERIAL**

**Ein bedrucktes Stoffstück:** 16" (40 cm) im Quadrat
**Vier Baumwollstoffreste:** jeder 12 1/2" x 2 1/2 yards (31,5 cm x 2,50 m)
**Vlieseinlage:** 1 yard (1 m) punktuell befestigtes Vlies (es ist fester und daher leichter auf der Maschine zu quilten als Polyestervlies)
**Rückseitenstoff:** 1 yard (1 m) Nessel

*1* Der Quilt hat drei einfarbige Randstreifen und zwei zusammengesetzte. Bei den einfarbigen Streifen habe ich den inneren so breit gearbeitet, daß die Seitenlänge des Medaillons ein Vielfaches der 2" (5 cm)-Patchworkquadrate ergibt, der mittlere wurde 1" (2,5 cm) breit, damit er ins gleiche Schema paßte. Der äußere Randstreifen ist ein bißchen breiter, um dem Ganzen einen Rahmen zu geben.

*2* Die zusammengesetzten Randstreifen bestehen aus zwei Baumwollstoffen. Ich habe die Rastermethode (siehe Seite 103) sowohl für die Dreiecke aus Quadrathälften als auch für die aus Quadratvierteln angewandt. Die innere Umrandung aus Bow-Ties (Krawattenschleifen) besteht aus Quadratviertel-Dreiecken in einem 3 1/4" (8,8 cm)-Gitter aus 18 Quadraten, alle im Uhrzeigersinn von den Diagonalen angesetzt, und die äußere Sägezahn-Umrandung aus Quadrathälften-Dreiecken in einem 2 7/8" (7,6 cm)-Gitter aus 22 Quadraten. **Achtung:** Achten Sie darauf, daß Sie die Dreiecke richtig herum ansetzen, vor allem wenn Sie eine Umrandung mit der anderen verbinden – vor dem Nähen stecken und überprüfen.

*3* Da die Genauigkeit beim Zusammennähen oder Bügeln schwanken kann, sollten Sie erst stecken und möglicherweise die Kanten etwas einhalten, wenn Sie die Patchworkstreifen an die Umrandung ansetzen. Vergessen Sie bei beiden Teilen die für das Zusammennähen des Quilts nötigen Nahtzugaben nicht.

## QUILT FERTIGSTELLEN

*1* Quilt montieren und heften (siehe Seite 14). Geradstichquilten betont die diagonalen Linien und die Umrandungen, während das freie Maschinenquilten den Korb und die Blumen hervorhebt. Spannen Sie das Motiv in einen kleinen Stickrahmen, damit es beim Quilten nicht verrutscht.

*2* Vlieseinlage auf die richtige Größe schneiden. Vorderseite über die Rückseite klappen und aufsteppen (siehe Seite 99). Auf der Rückseite dicht an der Oberkante von Hand einen Stofftunnel nähen (siehe Seite 17), breit genug für eine Aufhängestange aus Holz. Anstelle des Stofftunnels können Sie auch Vorhangringe annähen.

## ALTERNATIVEN

Verschiedene Muster: Wählen Sie aus den zahlreichen Patchworkmustern eines mit unterschiedlich großen Quadraten und Rechtecken aus, das sich als Umrandung für einen Medaillon-Quilt eignet. Eine kleine Auswahl, einschließlich Dreiecksanordnungen, finden Sie auf der nächsten Seite (Abb. 1a bis o). Die Vorschläge a bis e sind aus Streifen zusammengesetzt, f, g und n wurden nach der Eckquadratmethode (siehe Seite 135) gearbeitet, h, i und m nach der Rastermethode (siehe Seite 103) mit Dreiecken aus Quadrathälften und k und l mit Dreiecken aus Quadratvierteln, ebenfalls mit Hilfe der Rastermethode. Bei den Mustern j und o habe ich meine eigene Flying-Geese-Methode (siehe Seite 114) angewandt.

a

b

c

d

e

f

g

h

i

j

k

l

m

n

o

# *Schnelle Quadrate*

JENNI DOBSON

*Alle Quilts in diesem Kapitel lassen sich im Handumdrehen aus schlichten Quadraten und Rechtecken herstellen. Sie zeigen, wie mit direktem Zuschneiden ohne Schablone und mit Schnellverfahren beim Patchen viel Zeit gespart werden kann. Außerdem besteht bei allen Projekten die Möglichkeit, durch Änderung von Größenverhältnis und Farbanordnung vielfältige Mustervariationen zu entwerfen, die schöne Stoffe erst richtig zur Geltung bringen. Beim Nacharbeiten eines der folgenden Beispiele kommen Ihnen sicher noch zusätzliche Ideen für eigene Kreationen. Die einfachen Muster eignen sich bestens für alle Quiltkünstler, bei denen die Zeit gerade einmal knapp geworden ist oder die noch nicht ganz soviel Übung haben.*

# Auf herbstlichen Wegen

Bei dieser Variante des beliebten 9-patch-Blocks Country Roads (Landstraßen) wird eine Diagonale aus drei Quadraten durch Kombination mit einem Kontraststoff besonders betont. Prächtig gemusterte Stoffe mit Früchten und Blättern in herbstlichen Farben kommen bei dieser Art Muster voll zur Geltung und beweisen, daß ein an sich schlichter Block bei richtiger Stoffwahl ein faszinierendes Eigenleben entfalten kann. Der Wechsel von zusammengesetzten Blöcken und einfarbigen großen Quadraten ermöglicht ein problemloses Abändern der Quiltgröße. Verzieren Sie die Quadratflächen mit einem interessanten Quiltmuster oder wählen Sie einen dezent oder nur in sich gemusterten Hintergrundstoff.

**Quiltmaße:** 82" x 64" (205 x 160 cm)

**MATERIAL**

**Hintergrundstoff:** 3 1/4 yards (3,25 m)
**Stoff mit Herbstmuster:** 2 1/4 yards (2,25 m) eines Musters für die Umrandung und einige Blöcke sowie vier „fat quarters" mit einem anderen Herbstmuster
**Rückseite:** 4 yards (4 m)
**Vlieseinlage:** 86" x 68" (215 x 170 cm)

*Diese Beispiele zeigen, wie Farbe und Musterung eines Stoffes den Charakter des gesamten Patchworks verändern. Einfarbige Stoffe wirken in Kombination mit Pastelltönen luftig zart, zusammen mit Schwarz dagegen formal und graphisch. Alternativ bietet sich auch die Möglichkeit an, zu einem farbenfroh bedruckten Stoff Ton in Ton gehaltene einfarbige Quadrate zu wählen oder verschiedene stilistisch einheitliche Motive auf einfarbigen Grund zu stellen.*

## ZUSCHNEIDEN

Alle angegebenen Maße beinhalten, wenn nicht anders vermerkt, eine Standardnahtzugabe von 1/4" (6 mm).

*1* Aus dem Hintergrundstoff 24 Quadrate mit 9 1/2" (24 cm) Seitenlänge schneiden. Für die zusammengesetzten Blöcke fünf 6 1/2" x 36" (16,5 x 92 cm) und zehn Streifen von 3 1/2" x 18" (9 x 46 cm) Größe schneiden.

*2* Aus dem großen Herbststoff für die Umrandung zwei Streifen von 5 3/4" x 72 1/2" (15 x 184 cm) und zwei von 5 3/4" x 65" (15 x 165 cm) schneiden.

*3* Aus jedem der fünf Herbstdrucke für die zusammengesetzten Blöcke drei 3 1/2" x 18" (9 x 46 cm) große Streifen schneiden.
**Achtung:** Die Anleitung unten gilt für eine Einheit aus fünf Blöcken pro Herbststoff, das heißt für insgesamt fünf Einheiten aus je fünf Blöcken. Da für den Quilt 24 Blöcke erforderlich sind, läßt sich seine Oberseite beliebig variieren, je nachdem, welchen Block Sie übriglassen. Dieser Block kann schließlich als Etikett auf die Quiltrückseite genäht werden oder den Anfang für ein passendes Kissen machen.

## NEUNERBLÖCKE ANFERTIGEN

*1* Mit zwei schmalen Streifen aus dem Hintergrundstoff beginnen. Einen davon rechts auf rechts auf einen schmalen Streifen mit Herbstmuster legen und an einer der langen Kanten zusammensteppen. Nahtzugaben zum Herbststoff hin bügeln. Dann den zweiten langen Streifen aus Hintergrundstoff so an die lange Kante des Herbstmusterstreifens nähen, daß beide Teile an einem Ende bündig abschließen (Abb. 1).

1

*2* Diese zusammengesetzte Einheit rechtwinklig zu den Nahtlinien in 3 1/2" (9 cm) breite Streifen zerschneiden. Es müßten fünf Streifen herauskommen, ein kleiner Stoffrest bleibt übrig. Sorgfältig messen und schneiden, damit Sie die Streifen nicht drehen müssen. Sie bilden die Blockmitte (Abb. 2).

2

*3* Als nächstes die beiden übrigen Herbststoffstreifen nebeneinander rechts auf rechts an einer langen Kante des breiteren Hintergrundstreifens ansetzen. Nahtzugaben zum bedruckten Stoff hin bügeln. Wie in Schritt 2 beschrieben die zusammengesetzten Streifen in 3 1/2" (9 cm) breite Streifen zerschneiden (Abb. 3). Sie haben nun insgesamt zehn Streifen, je fünf aus jeder Herbststoffeinheit.

3

*4* Für einen Block eine Einheit aus Schritt 2 und eine aus Schritt 3 so zusammennähen, daß die Ecken der Herbstteile genau aneinanderstoßen. Fünf solcher Paare arbeiten (Abb. 4). Bügeln. Auf die gleiche Weise die übrigen Schritt-3-Einheiten an der anderen Seite des Blocks ansetzen. Dabei das Herbstmuster entsprechend drehen, um das diagonale Muster zu erhalten (Abb. 5). Auf diese Weise entstehen fünf gleiche Blöcke. Den Vorgang bei den anderen vier Herbststoffen wiederholen.

4

5

## OBERSEITE VERVOLLSTÄNDIGEN

*1* Nach Fertigstellung der Blöcke die Quadrate aus Hintergrundstoff gemäß Quiltplan gitterförmig anordnen. Die Zwischenräume mit den zusammengesetzten Blöcken ausfüllen, die Sie so lange versetzen, bis Ihnen das Arrangement gefällt.

*2* Die Blöcke in horizontalen Reihen aneinandernähen, dann die Nahtzugaben bei jeder zweiten Reihe in die entgegengesetzte Richtung bügeln.

*3* Reihen zusammennähen. Darauf achten, daß die Blocknähte mit denen der nächsten Reihe übereinstimmen, gegebenenfalls leicht einhalten.

## RANDSTREIFEN ANFÜGEN

*1* Bei allen Randstreifen eine lange Kante 1/2" (1,3 cm) breit umbügeln. Die beiden langen Randstreifen mit der anderen Kante an die beiden vertikalen Quiltseiten nähen. Die kürzeren Randstreifen entsprechend mit der Quiltober- und -unterkante verbinden, dabei die umgebügelte Kante aufklappen.

*2* Die Enden dieser Streifen und anschließend die Seiten 1/2" (1,3 cm) umbügeln. Falls nötig, auf die entsprechenden Maße zurückschneiden. Die Quiltaußenkanten sollten nun rundum 1/2" (1,3 cm) breit umgebügelt sein.

## QUILT FERTIGSTELLEN

*1* Hintergrundstoff halbieren. Die Hälften an den Webkanten rechts auf rechts aufeinanderlegen und 1/2" (1,3 cm) breit entlang einer Kante zusammensteppen. Webkanten abschneiden und Nahtzugaben auseinanderbügeln.

*2* Quilt auf einer glatten Arbeitsfläche montieren und heften (siehe Seite 14) oder mit Sicherheitsnadeln zusammenstecken. Sicherheitsnadeln sind für das Maschinenquilten ideal, da sie sich während der Arbeit schnell entfernen lassen. Verwenden Sie kleine, nichtrostende Nadeln, die keine Löcher oder Flecken hinterlassen. Übrigens, für einen ganzen Quilt brauchen Sie sehr viele Sicherheitsnadeln!

*3* Es wirkt sehr hübsch, wenn Sie in Kontrast zu den geraden „Straßen" zusätzlich kurvige „Landstraßen" quilten! Diese Schlangenlinien werden auf dem Hintergrundstoff zwischen den Patchworkteilen gearbeitet. Dabei an der Umrandung beginnen und enden. Zuletzt rund um die Umrandung in der Naht quilten (siehe Seite 14).

*4* Die Vliseinlage sorgfältig zurückschneiden, damit sie mit den umgebügelten Quiltkanten übereinstimmt. Die Rückseite so weit zurückschneiden, daß sie sich noch 1/2" (1,3 cm) breit umlegen läßt. In dieser Breite über die Wattierung klappen und dabei saubere, schräge Ecken arbeiten. Kantengleich mit der Quiltoberseite zusammenstecken. Die Lagen eventuell erst heften und anschließend knappkantig aufeinandernähen. Zuletzt auf der Rückseite ein Namensschild aufnähen.

# *Symphonie der Farben*

Zu diesem Projekt hat mich ein reichhaltiges Stoffmusterbuch angeregt. Und wirklich erinnert der Quilt mit seinen großen, einfachen Rechtecken an einen Schaukasten voll mit hübschen „fat quarters", die nur so zum Kauf einladen. Bei einer solchen Anordnung lassen sich auch Stoffe mit ungewöhnlichen und bildhaften Mustern wirkungsvoll einsetzen. Da die Rechtecke relativ groß sind, wächst der Quilt rasch und sehr wenig Stoff geht durch Nahtzugaben verloren. Die Lagen werden zum Schluß ganz einfach mit Knoten verbunden. Von der Größe her paßt der Quilt auf ein Einzelbett und ist ideal für alle, die zwar gern quilten, denen das Zusammennähen vieler Teile aber doch zu mühsam ist.

**Quiltmaße:** 74" x 72 1/2" (185 x 182 cm)

**MATERIAL**

**Hauptblöcke:** zehn „fat quarters" (abgeschnittene Stoffreste für den Rand verwenden)
**Rand:** zwei „fat quarters" oder entsprechende Stoffmenge (z. B. vier „fat eighths" = vier halbe „fat quarters")
**Gitterstreifen:** 2 yards (2 m) eines marineblauen oder eines anderen einfarbigen, dunklen Stoffs
**Rückseitenstoff:** 4 1/2 yards (4,2 m) oder ein Bettuch von derselben Größe wie die Vlieseinlage
**Kontrastierendes Quiltgarn oder Stickgarn zum Knüpfen**
**Vlieseinlage:** 78" x 76" (195 x 190 cm)

## ZUSCHNEIDEN

*1* Bei allen „fat quarters“ die Webkanten abschneiden. Die zehn Schaukastenstoffe paarweise aufeinanderbügeln, dann geht das Zuschneiden schneller. Aus der Stoffbreite ein 13” (33 cm) breites Stück abschneiden und es der Länge nach in zwei 9” (23 cm)-Stücke unterteilen (Abb. 1). Sollte ein Stoff etwas zu kurz ausgefallen sein, ersetzen Sie ihn entweder durch eins der Umrandungsstücke oder Sie ändern die Größe aller Blöcke entsprechend ab. Stoffreste für den Rand beiseite legen.

1

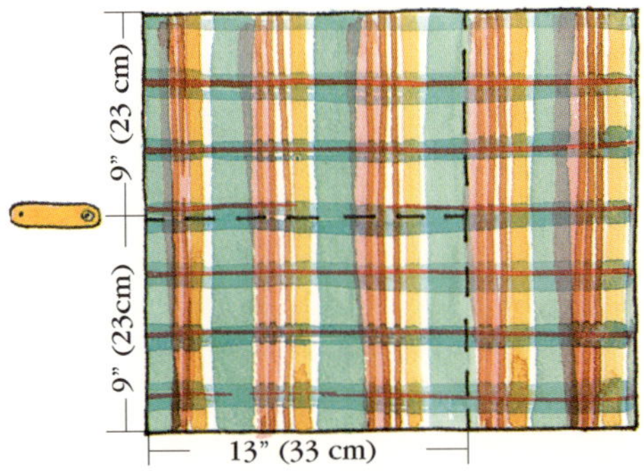


*2* Aus dem dunklen Stoff für das Gitter je zwei 4” x 67” (10 x 168 cm) und 4” x 61” (10 x 153 cm) große Streifen und vier Streifen von 3 1/2” x 61” (9 x 153 cm) Größe schneiden (vorsichtshalber ist hier eine kleine Zugabe eingerechnet). Ferner 15 Streifen von 3 1/2” x 9” (9 x 23 cm) Größe schneiden. Aus dem Rest im Fadenlauf 2” (5 cm) breite Streifen für die Einfassung schneiden.

## NÄHEN

*1* Die 20 Schaukastenrechtecke (zwei aus jedem der zehn Stoffe) in Reihen mit je vier Rechtecken anordnen und verschieben, bis Ihnen das Arrangement gefällt. In jeder Reihe die kurzen Gitterstreifen zwischen den Rechtecken plazieren. Jeden Block mit dem angrenzenden Streifen verbinden, bis alle Reihen fertig sind.

*2* Die vier 3 1/2” (9 cm) breiten Gitterstreifen zwischen die einzelnen Reihen legen und mit diesen verbinden. Die Schaukastenrechtecke sollten in einer Linie mit denen der vorangehenden Reihe liegen.

*3* An Ober- und Unterkante des Mittelteils einen 4” (10 cm) breiten Streifen ansetzen. Die vertikalen Gitterstreifen quer über die Reihenenden annähen.

## RANDSTREIFEN ANFÜGEN

*1* Aus den abgeschnittenen Resten der zehn „fat quarters“ den schmalsten Streifen aussortieren. Diesen Streifen halbieren, um die zweckmäßigste Breite für die äußere Umrandung zu ermitteln (Abb. 2). Bei dem abgebildeten Beispiel wurde der Randstreifen 4 1/2” (11,3 cm) breit zugeschnitten. Bei 1/4” (6 mm) Nahtzugabe und einer 1/2” (1,3 cm) breiten Einfassung ergibt sich so ein 3 3/4” (9,4 cm) breiter Rand.

2

*2* Die Stoffreste in Stücke zerschneiden, die alle die ermittelte Breite, aber eine unterschiedliche Länge haben (Abb. 3). Weitere, ebenso breite Randstreifen aus den anderen beiden für die Umrandung bestimmten „fat quarters“ schneiden. Achten Sie auf eine unterschiedliche Reihenfolge der Stoffstücke, und verbinden Sie nicht versehentlich zwei gleiche miteinander. Auch neu anfallende Stoffreste aufbewahren, da einige vielleicht beim Zusammensetzen der Einfassung verwendet werden können.

3

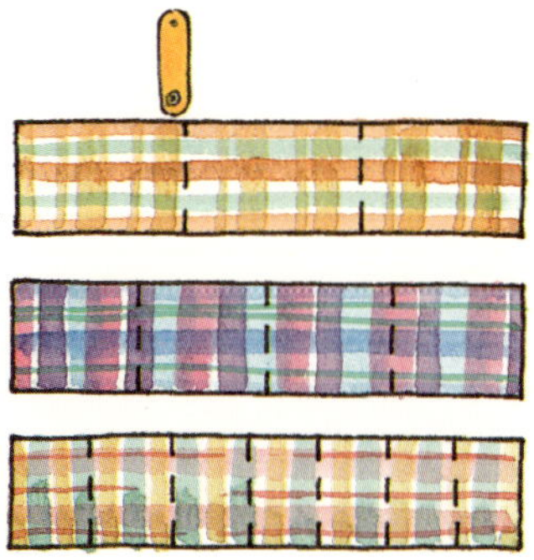

*3* Die Teile zu vier „Zufallstreffer-Randstreifen“ zusammennähen: zwei 67” (168 cm) und zwei 74” (185 cm) lang (Abb. 4).

4

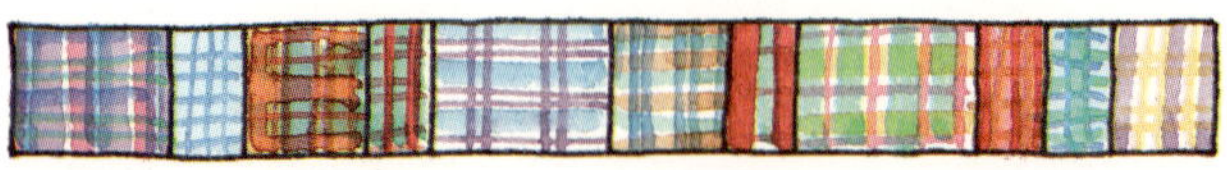

*4* Die beiden kurzen Randstreifen entlang der Quiltober- und -unterkante ansetzen und dann die beiden langen an den Seiten (siehe Seite 12).

## QUILT FERTIGSTELLEN

*1* Den Stoff für die Rückseite halbieren, es sei denn, es ist ein Bettuch. Die beiden Hälften an den Webkanten rechts auf rechts aufeinanderlegen und 1/2" (1,3 cm) breit zusammennähen. Webkanten abschneiden und Nahtzugaben auseinanderbügeln. Rückseite, Vlieseinlage und Oberseite montieren (siehe Seite 14).

*2* Quiltlagen an den vier Ecken eines jeden Schaukastenblocks mit Knoten sichern und einmal in der Mitte der langen Quiltseiten. Den dargestellten Knoten arbeiten (Abb. 5).

5

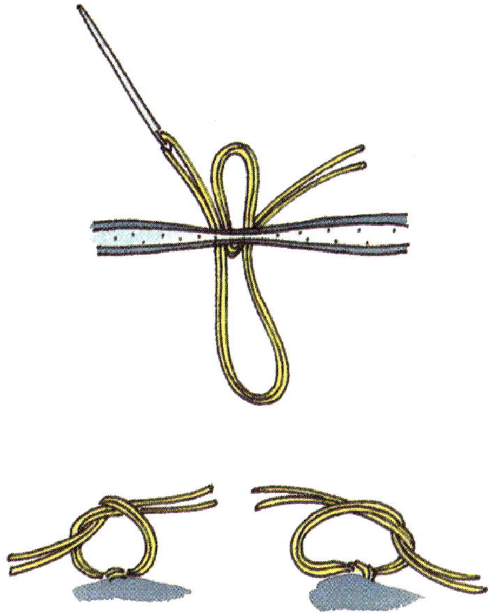

*3* Vlieseinlage und Rückseite bündig mit der Quiltoberseite zurückschneiden und eventuell rund um die Außenkanten heften, um die Lagen zusammenzuhalten.

*4* Für die Einfassung 2" (5 cm) breite Streifen aus dem Gitterstoff auf eine ausreichende Länge zusammensetzen. Als interessanter Blickfang wurden bei dieser Gelegenheit zusätzlich einige Schaukastenstoffe eingesetzt.

*5* Die Einfassung mit einer Nahtzugabe von 1/2" (1,3 cm) annähen (siehe Seite 17, die Einfassung aber nicht doppelt legen), dann zur Rückseite hin umlegen und aufnähen. Die Innenkante der Umrandung können Sie zum Schluß mit einer Quiltlinie sichern. Nicht vergessen: das Werk datieren und signieren!

# *Farbenfroher Babyquilt*

Auf den ersten Blick möchte man kaum glauben, daß dieser Quilt für ein Babybett nur aus Quadraten gearbeitet wird und keine zeitaufwendigen Schablonen erfordert. Das Muster, bei dem die Dreiecke wie von Zauberhand in eine Richtung gezogen werden, geht auf Darra Duffy Williamson zurück. Bei den Quadraten der Umrandung handelt es sich um eine Variation dieser Technik. Der Basisblock besteht aus einem Quadrat mit diagonal abgeschnittenen gegenüberliegenden Ecken. Wird er dann in jeder zweiten Reihe versetzt mit Halbblöcken angeordnet, ergibt sich dieses reizvolle, diagonale Muster.

**Quiltmaße:** 35" x 47" (90 x 120 cm)

**MATERIAL**

**Hintergrundstoff:** 1 1/4 yards (1,25 m)
**Regenbogenstoffe:** Sieben Stoffpaare in den Farben des Regenbogens, von jeder einen hellen und einen dunklen Ton. Da gelegentlich nur zwei Quadrate einer Farbe erforderlich sind, ist es sinnvoll, vorhandene Stoffreste zu verwenden. Ansonsten dürfte je ein „fat eighth" (= ein halber „fat quarter") ausreichen.
**Rückseite:** 1 1/2 yards (1,50 m)
**Vlieseinlage:** 39" x 52" (100 x 130 cm)

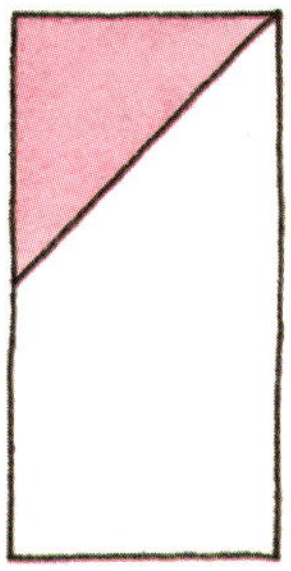

## ZUSCHNEIDEN

*1* Aus der Breite des Hintergrundstoffs sechs 6 1/2" (16,5 cm) breite Streifen schneiden und sie quer in 6 1/2" (16,5 cm)-Quadrate zerteilen. Es ergeben sich insgesamt 32 Quadrate.

*2* Aus dem gleichen Stoff sechs Halbblöcke von 6 1/2" x 3 1/2" (16,5 x 9 cm) schneiden.

*3* Aus den Regenbogenstoffen die folgenden 3 1/2" (9 cm)-Quadrate schneiden:

| | |
|---|---|
| Blau: | 4 helle<br>2 dunkle |
| Türkis: | 2 helle<br>4 dunkle |
| Grün: | 5 helle<br>4 dunkle |
| Gelb: | 6 helle<br>7 dunkle |
| Orange: | 7 helle<br>7 dunkle |
| Pink: | 7 helle<br>6 dunkle |
| Malve: | 4 helle<br>5 dunkle |

*4* Für die Einfassung mehrere 1 1/2" (4 cm) breite, möglichst lange Streifen in verschiedenen Regenbogenfarben schneiden.

## NÄHEN

*1* Jedes Regenbogenquadrat mit der rechten Seite nach unten auf eine feste Unterlage legen. Diagonal zur Hälfte falten und den Stoffbruch entlang dieser Diagonalen falzen. Den Stoff dabei nicht dehnen! Sie können die Diagonale auch mit Bleistift und Lineal markieren.

1 x anfertigen

2 x anfertigen

3 x anfertigen

4 x anfertigen

4 x anfertigen

1 x anfertigen

2 x anfertigen

3 x anfertigen

3 x anfertigen

1 x anfertigen

*2* Die Mustervorlage zeigt, daß die Blöcke in den gegenüberliegenden Ecken zwei verschiedene Farben haben. Arbeiten Sie die Blöcke nach der Vorlage in den angegebenen Farben (Abb. 1).

1

3 x anfertigen

2 x anfertigen

2 x anfertigen

1 x anfertigen

Halbblock, je 1 x anfertigen

## Eckquadrat-Dreiecke (Connectors)

*3* Für die Eckdreiecke ein Regenbogenquadrat wie abgebildet rechts auf rechts in die Ecke eines Hintergrundblocks legen und entlang der Diagonale aufnähen (Abb. 2). Es empfiehlt sich, diesen Schritt bei mehreren Blöcken gleichzeitig vorzunehmen. Bei dieser Methode ist die Kontrolle „eingebaut“: Wenn Sie die Ecke des Regenbogenquadrats auf die Blockecke klappen, sehen Sie, ob die Position stimmt (Abb. 3). Vor dem nächsten Schritt die Arbeit noch einmal überprüfen.

2

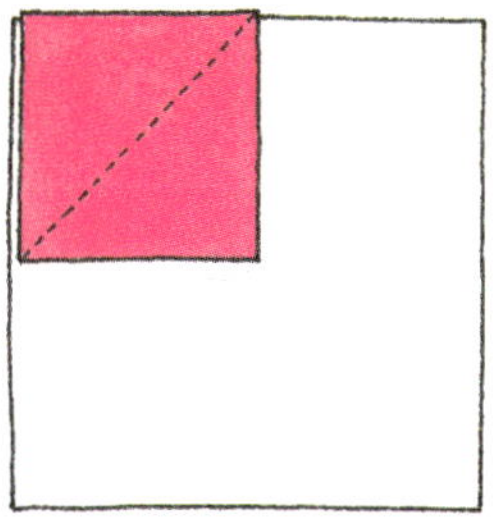

3

*4* Mit dem ersten Block beginnen und parallel zur diagonalen Nahtlinie im Abstand von 1/2" (1,3 cm) eine zweite Linie nähen (Abb. 4). Den Vorgang bei den anderen Blöcken wiederholen. Die Regenbogen-Eckquadrate glattbügeln und dann in der Mitte zwischen den beiden Nahtlinien zerschneiden (Abb. 5). Die abgeschnittenen zusammengenähten Dreieckpaare beiseite legen.

4

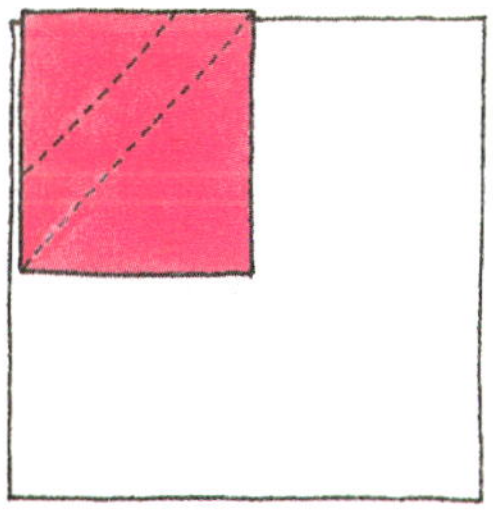

5

*5* Die Schritte bei der gegenüberliegenden Ecke wiederholen. Dabei die zu den bestehenden Einheiten passenden Farben nehmen (Abb. 6).

*6* Auf die gleiche Weise bei den Halbblöcken Eckdreiecke aufnähen (Abb. 7).

6

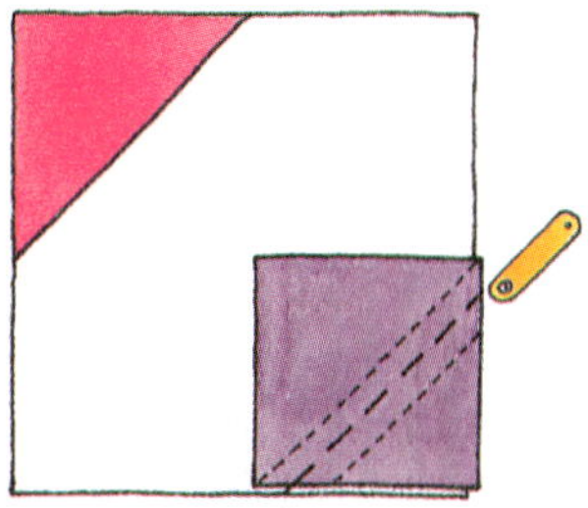

7

## BLÖCKE ZUSAMMENFÜGEN

*1* Auf einer glatten Arbeitsfläche die Blöcke in der richtigen Reihenfolge nach dem Quiltplan (siehe Seite 132) anordnen. Bei jeder zweiten Reihe an den Enden Halbblöcke annähen. Darauf achten, daß sie richtig herum liegen, damit das Muster korrekt verläuft.

*2* Blöcke zu horizontalen Reihen verbinden und die Nahtzugaben bei jeder zweiten Reihe in die entgegengesetzte Richtung bügeln. Dann die Reihen so zusammennähen, daß die farbigen Stoffteile exakt aneinanderstoßen.

## RANDSTREIFEN ANFÜGEN

*1* Für den Randstreifen die beiseite gelegten Dreieckpaare zu Quadraten auseinanderbügeln. Im vorliegenden Beispiel wurden sie willkürlich zusammengestellt, ein regelmäßiges Muster ist ebenso möglich. Beachten Sie jedoch hierbei, daß nicht gleich viele Quadrate von jeder Farbe vorhanden sind. Für die Anordnung der Quadrate gibt es verschiedene Möglichkeiten. Bei je zehn Quadraten für die Ober- und Unterkante sowie je 15 Quadraten für die Seiten bleiben Quadrate übrig, mit denen Sie unterschiedliche Anordnungen ausprobieren können.

*2* Die zusammengesetzten Randstreifen rund um den Quilt in die richtige Position bringen und für die Rechtecke in den Ecken zwei Stoffe wählen. Aus jedem Stoff je zwei Streifen von 5" x 2 3/4" (12,5 x 7 cm) und 7" x 2 3/4" (17,5 x 7 cm) Größe schneiden.

*3* Am Ende der langen Randstreifen je einen kurzen Streifen in der gewählten Farbe annähen. Dann diese Randstreifen mit den langen Quiltseiten verbinden. Auf die gleiche Weise die anderen beiden längeren Eckstreifen an die Enden der kurzen zusammengesetzten Randstreifen nähen und die fertigen Randstreifen schließlich an die Quiltober- und -unterkante. Die ganze Quiltoberseite sorgfältig bügeln.

## QUILT FERTIGSTELLEN

*1* Das fließende Muster der Diagonalen wird durch ein ähnliches Quiltmuster noch betont. Wenn Sie im Maschinennähen geübt sind, erübrigt sich das Vorzeichnen der Bogenlinien, die durch die wichtigsten Verbindungspunkte laufen. Ansonsten nach der Vorlage (Abb. 8) eine Schablone anfertigen, den Quilt auf eine feste Unterlage legen und mit Hilfe der Schablone die Stepplinien aufzeichnen (siehe Seite 13). Sie können auch einfach in der Naht quilten (siehe Seite 14). Dafür ist keine Markierung erforderlich.

**8**

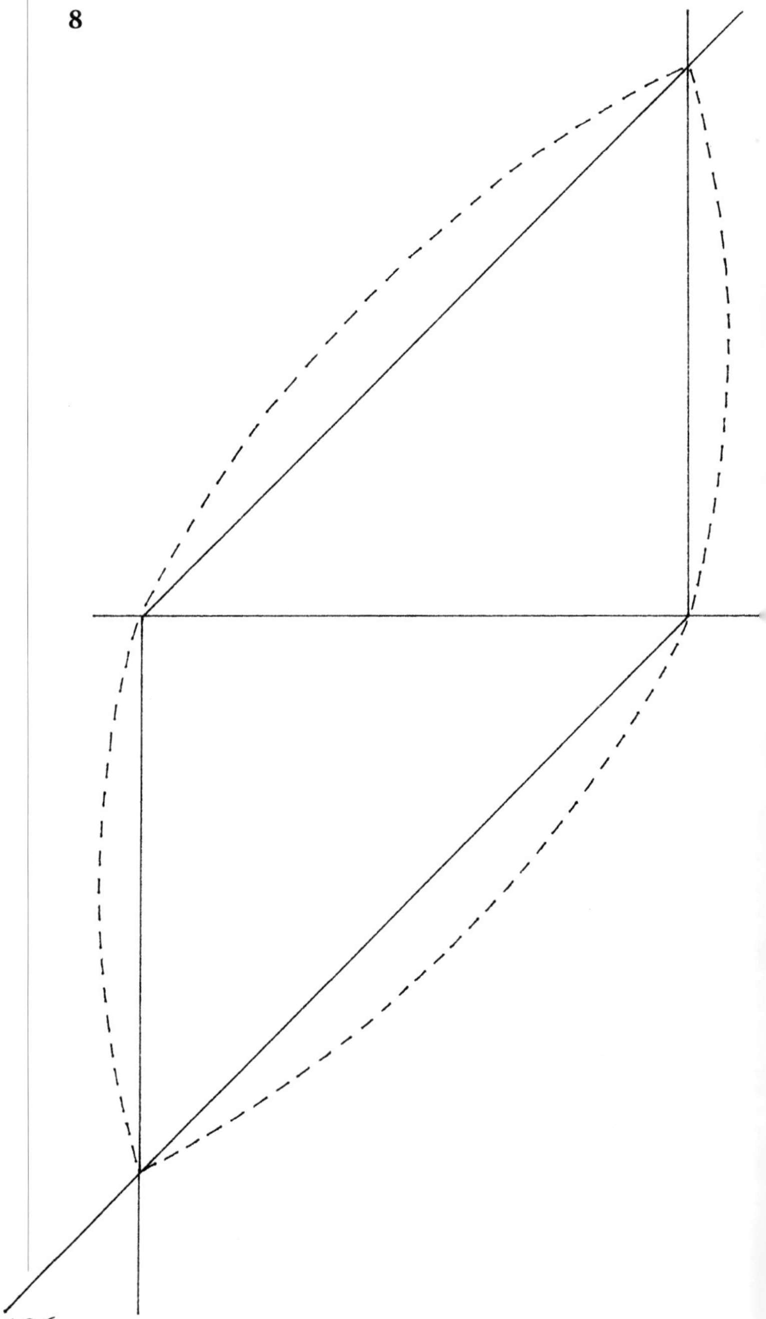

*2* Rückseite, Vlieseinlage und Oberseite montieren (siehe Seite 14) und entweder heften oder mit Sicherheitsnadeln sichern.

*3* Die geschwungenen Quiltlinien arbeiten (eventuell vorher aufzeichnen) und dort, wo die Umrandung ansetzt, in der Naht quilten.

*4* Vlieseinlage und Rückseite bündig mit der Quiltoberseite zurückschneiden. Zum Schluß eine hübsche, wie eine Zuckerstange gestreifte Einfassung arbeiten: Dazu die Streifen stufenförmig, um eine Breite versetzt annähen (Abb. 9). Auf diese Weise erhalten Sie die für den Zuschnitt der Schrägstreifen benötigte diagonale Kante.

9

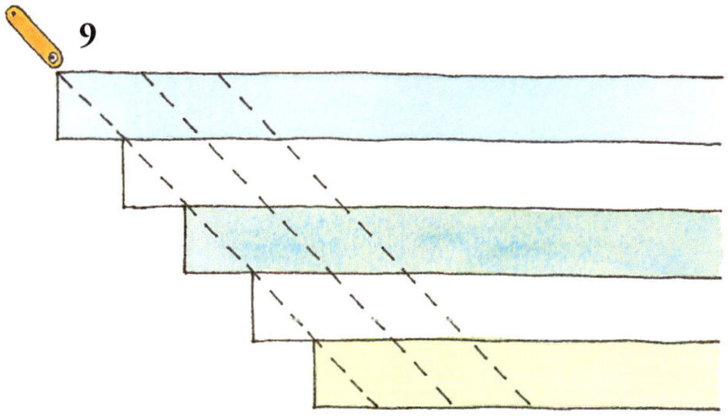

*5* Die Einfassung an den Quilt nähen und dabei schrage Ecken arbeiten (siehe Seite 17, die Einfassung nicht doppelt legen). Zuletzt auf die Rückseite ein Etikett mit Namen und Datum nähen.

## QUILT FÜR EIN EINZELBETT

Diese größere Quiltversion besteht aus zehn Blöcken in der oberen Reihe und insgesamt zwölf Reihen. Jede zweite Reihe beginnt und endet mit einem Halbblock. Beginnen Sie die Farbfolge immer mit dem gleichen hellblauen Dreieck und wiederholen Sie sie quer über den gesamten Quilt, so daß sich insgesamt etwa zwei volle Farbfolgen ergeben.

**Quiltmaße:** 64 1/2" x 76 1/2" (162 x 192 cm)

### MATERIAL

**Hintergrundstoff:** 3 1/2 yards (3,50 m)
**Regenbogenstoffe (sieben Farben in einem hellen und einem dunklen Ton):** 1/4 yard (0,25 m) von jedem der 14 Farbtöne
**Vlieseinlage:** 68" x 80" (170 x 200 cm)
**Rückseitenstoff:** 3 3/4 yards (3,75 m)

### ZUSCHNEIDEN

*1* Aus dem Hintergrundstoff 114 Quadrate von 6 1/2" (16,5 cm) und zwölf Halbblöcke von 6 1/2" x 3 1/2" (16,5 x 9 cm) schneiden.

*2* Aus den Regenbogenstoffen nach der folgenden Tabelle 3 1/2" (9 cm)-Quadrate schneiden:

| Farbe | Blau | Türkis | Grün |
|---|---|---|---|
| Dunkel | 16 | 16 | 16 |
| Hell | 16 | 16 | 17 |

| Farbe | Gelb | Orange | Pink | Malve |
|---|---|---|---|---|
| Dunkel | 19 | 17 | 19 | 17 |
| Hell | 17 | 19 | 17 | 18 |

### NÄHEN

*1* Wie bei der Babydecke vorgehen und die zusätzlichen Blöcke in den angegebenen Farben nähen.

*2* Es bleiben genügend kleine zusammengesetzte Quadrate für eine entsprechende Umrandung übrig.

*3* Den Rückseitenstoff halbieren und die Hälften quer durch die Quiltmitte zusammennähen.

# *Blühender Bauerngarten*

Der 4-patch-Block gehört zu den einfachsten Blockmustern, bietet aber dennoch viele Gestaltungsmöglichkeiten. Im vorliegenden Fall werden drei verschieden große Muster innerhalb des 8" (20 cm)-Basisblocks gearbeitet, so daß zum Schluß Diagonalen aus unterschiedlich großen Quadraten entstehen.

Die Kombination von weißem Hintergrund und zartem pastellfarbenem Blumendruck gibt dem Quilt ländlich frisches Flair. Er eignet sich gut als Überwurf oder als Decke für ein Einzelbett.

**Quiltmaße:** 48" x 64" (120 x 160 cm)

**MATERIAL**

**Hintergrundstoff:** 2 yards (2 m)

**Kontrastierende Muster für Rand und 4-patch-Blöcke:** 1 3/4 yards (1,75 m). Diese Länge erlaubt es, die Randstreifen in einem Stück zuzuschneiden. Für das Patchwork können Sie beliebige, bereits vorhandene Stoffreste verwenden.

**Rückseitenstoff:** 2 3/4 yards (2,75 m)

**Vlieseinlage:** 52" x 68" (130 x 170 cm)

## ZUSCHNEIDEN

Alle angegebenen Maße beinhalten, wenn nicht anders vermerkt, eine Nahtzugabe von 1/4” (6 mm).

*1* Aus der Breite des Hintergrundstoffs vier 8 1/2” (21,5 cm) breite Streifen schneiden und diese in 17 Quadrate von 8 1/2” (21,5 cm) Seitenlänge unterteilen.

*2* Aus dem Rest quer einen 2 1/2” (6,5 cm) und einen 1 1/2” (4 cm) breiten Streifen schneiden.

*3* Wieder über die volle Breite vier 4 1/2” (11,5 cm) breite, drei 2 1/2” (6,5 cm) breite und einen 1 1/2” (4 cm) breiten Streifen schneiden.

*4* Beim Stoff für den Rand die Webkanten abschneiden. Parallel zu den Webkanten vier 4 3/4” (12 cm) breite Streifen schneiden.

*5* Aus dem Kontraststoff für die zusammengesetzten Blöcke vier Streifen von 4 1/2” x 9” (11,5 x 22,5 cm), neun Streifen von 2 1/2” x 10” (6,5 x 25 cm) und fünf Streifen von 1 1/2” x 12” (4 x 30 cm) schneiden.

## NÄHEN

### Blöcke zusammensetzen

Der Quilt besteht aus drei verschiedenen Blöcken wie unten zu sehen (Abb. 1): A, B und C.

1a b c

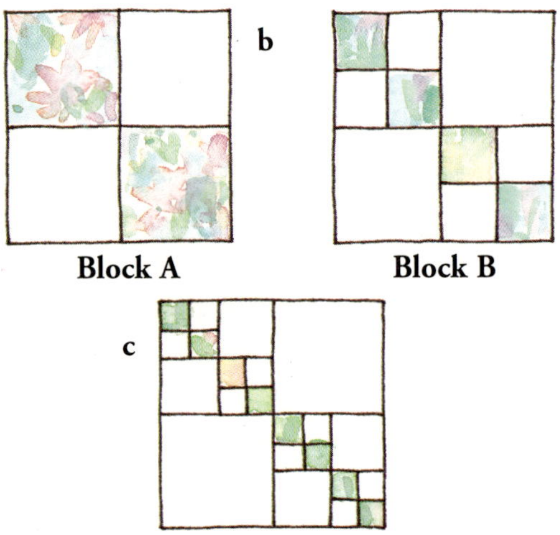

Block A Block B Block C

### Block A (viermal anfertigen)

*1* Auf einen 4 1/2” (11,5 cm) breiten Hintergrundstreifen rechts auf rechts einen gleich breiten Kontraststreifen legen. An der einen langen Kante 1/4” (6 mm) breit zusammensteppen. Alle anderen Hintergrundstreifen und Kontraststreifen auf die gleiche Weise verbinden (Abb. 2). Nahtzugaben zu den bedruckten Stoffen hin bügeln. Einige Hintergrundstreifen bleiben übrig.

*2* Den zusammengesetzten Streifen nach sorgfältigem Messen im rechten Winkel zur Nahtlinie in acht 4 1/2” (11,5 cm) breite Streifen zerschneiden (Abb. 3).

2

3

4

*3* Diese Streifen paarweise rechts auf rechts so aufeinanderlegen, daß die bedruckten Kontraststoffe in den entgegengesetzten Ecken liegen. Nahtzugaben zu einer Seite hin bügeln (Abb. 4).

### Block B (neunmal anfertigen)

*1* Auf die gleiche Weise kleinere Viererblöcke aus den 2 1/2” (6,5 cm) breiten Hintergrundstreifen und den entsprechenden Kontraststreifen arbeiten. So ergeben sich 18 kleine 4-patch-Blöcke von 4 1/2” (11,5 cm) Seitenlänge. Auch hier bleiben ein paar Hintergrundstreifen übrig.

*2* Jeden kleineren Block rechts auf rechts auf einen 4 1/2” (11,5 cm) breiten Hintergrundstreifen nähen (Abb. 5). Den Hintergrundstreifen zwischen den aufgenähten Viererblöcken in 18 Halbblöcke zerschneiden (Abb. 6). Diese paarweise so aufeinandersteppen, daß die Kontrastquadrate eine diagonale Linie über den Block bilden. Sauber arbeiten, damit die Blöcke korrekt werden (Abb. 7). Bügeln.

5

6

7

**Block C (fünfmal anfertigen)**

*1* Ebenso wie bei Block A aus den 1 1/2" (4 cm) breiten Hintergrund- und Kontraststreifen 20 kleine 4 patch-Blöcke mit einer Seitenlänge von 2 1/2" (6,5 cm) arbeiten.

*2* Wie bei Block B in Schritt 2 beschrieben zehn Blöcke mit einer Seitenlänge von 4 1/2" (11,5 cm) anfertigen, praktisch kleinere Versionen von Block B. Vorgang wiederholen und fünf Blöcke von 8 1/2" (21,5 cm) Seitenlänge zuschneiden. Bügeln.

## BLÖCKE ZUSAMMENSETZEN

*1* Nach Fertigstellung der Blöcke die großen Quadrate aus Hintergrundstoff nach dem Quiltplan (siehe Seite 138) anordnen. Die Zwischenräume mit den 18 zusammengesetzten Viererblöcken füllen und so lange versetzen, bis Sie mit dem Arrangement zufrieden sind. Dann die Blöcke in horizontalen Reihen zusammennähen. Nahtzugaben in jeder zweiten Reihe in die entgegengesetzte Richtung bügeln, damit die Blocknähte beim nächsten Schritt leichter übereinstimmen können.

*2* Reihen so miteinander verbinden, daß die Blocknähte genau übereinstimmen. Dazu, wenn nötig, den Stoff dazwischen etwas einhalten.

## RANDSTREIFEN ANFÜGEN

*1* Bei jedem Randstreifen eine lange Kante 1/2" (1,3 cm) breit umbügeln. Zwei Randstreifen an der anderen langen Kante mit den beiden Seitenkanten der Quiltoberseite verbinden.

*2* Die umgebügelten Kanten aufklappen und die anderen beiden Randstreifen entsprechend an der Quiltober- und -unterkante ansetzen. Die Streifenenden in einer Linie mit den bereits umgelegten Kanten umbügeln und gegebenenfalls zurückschneiden. An allen vier Quiltseiten ist die Kante nun umgebügelt.

## QUILT FERTIGSTELLEN

*1* Den Unterstoff halbieren und die Hälften rechts auf rechts an den Webkanten aufeinanderlegen. An einer Kante im Abstand von 1/2" (1,3 cm) zu den Webkanten zusammensteppen. Webkanten abschneiden, Nahtzugaben auseinanderbügeln.

*2* Quilt montieren (siehe Seite 14) und heften oder zusammenstecken.

*3* Bei dem Originalprojekt wurde ein diagonales Gittermuster zuvor mit Klebeband markiert und dann auf der Maschine gequiltet. Die Quiltlinien verlaufen durch die Ecken der Quadrate. Das Klebeband so anbringen, daß eine Kante durch die vorgesehenen Punkte läuft, und dann entlang dieser Kante quilten. Das Klebeband kann dabei für mehrere Quiltlinien verwendet werden, lassen Sie es aber nicht länger auf dem Stoff kleben als nötig. Zunächst eine stabilisierende Mittellinie in eine Hauptrichtung des Gitters, dann eine weitere Mittellinie in die andere Richtung quilten. Von diesen Linien aus nach außen arbeiten und auf diese Weise das Gittermuster fertigstellen. Danach rund um den Rand in der Naht quilten (siehe Seite 14).

*4* Den Quilt auf eine glatte Arbeitsfläche legen und die Vlieseinlage vorsichtig, ohne die umgebügelte Kante zu erfassen, auf die Größe des Quilts zurückschneiden. Den Rückseitenstoff zum Einschlagen rundum 1/2" (1,3 cm) breit stehenlassen. In dieser Breite über die Vlieskante nach innen umlegen und so aufstecken, daß die Kante mit der Quiltkante übereinstimmt. Eventuell vorher heften und durch alle Lagen hindurch steppen. Zuletzt den Quilt direkt signieren oder ein Etikett mit den Daten auf die Rückseite nähen (siehe auch Seite 17).

# INDEX

## DIE AUTOREN

PAULINE ADAMS
Nach der Ausbildung arbeitete sie zunächst in ihrem Beruf als Architektin und dann als Städteplanerin. Mit dem Quilten begann sie 1957. Als Mitglied der „Guild of Great Britain Executive Committee" gehörte sie zum Team, das die Quiltprojekte der Gilde dokumentierte, und arbeitete mit an dem 1995 erschienenen Buch „Quilt Treasures". Sie verfaßte eine Reihe von Fachartikeln in der Zeitschrift „The Quilter" und schrieb selbst ein Buch über Patchwork. Ihre Arbeiten sind regelmäßig bei lokalen und nationalen Ausstellungen vertreten.
Ihr besonderes Interesse gilt den Patchwork-Techniken, vor allem der Entwicklung schneller Methoden.

COLIN BRANDI
1989 wurde er von einem amerikanischen Quilter in diese Kunst eingeführt. Zwei Jahre später gab er seine Laufbahn als Versicherungsmakler auf und studierte Kunst und Design. Seine neuesten Quilts tragen eine typisch männliche Handschrift. Er entwickelt eigene Ideen über Farbe, Muster und Form und plant Einzelausstellungen.
Die meisten seiner Werke wurden mit dem Rollschneider zugeschnitten, auf der Maschine zusammengenäht und gequiltet. Seine Quilts waren bei Kunst- und Quiltausstellungen in Großbritannien und Deutschland zu sehen.

JENNI DOBSON
Sie studierte Kunst und textiles Gestalten und arbeitet in der Erwachsenenbildung. Ihre Quilts gewannen bei namhaften britischen Quiltausstellungen Preise, sie wurden in der vierten und fünften Ausstellung der britischen Quilter-Gilde sowie in Amerika, Japan, Europa und Australien gezeigt. Sie schreibt regelmäßig für nationale Patchworkzeitschriften und unterrichtet seit Ende der siebziger Jahre Patchwork und Quilten. Ferner hat sie bei bedeutenden Veranstaltungen in Großbritannien, Holland und Deutschland Vorträge gehalten und Vorführungen veranstaltet.

GILL TURLEY
Sie studierte Kunst und Mode und begann 1982 mit dem Quilten. Heute arbeitet sie freiberuflich als Quiltlehrerin und hält Vorträge. Die britische Quilter-Gilde wählte ihre Quilts für die Ausstellungen 1987, 1991 und 1993 aus, Fotografien ihrer Arbeiten sind in mehreren neueren Quiltbüchern erschienen. Sie ist seit 1991 Vorstandsmitglied der britischen Quilter-Gilde und befaßt sich im Augenblick mit den internationalen Kontakten.
Besonderen Einfluß auf ihre Arbeit haben die antiken Quilts und rustikalen Stoffe, die sie auf ihren Reisen bewundern konnte.

ANNE WALKER
Von Beruf Mathematiklehrerin, hat sie sich stets besonders für geometrische Muster interessiert. Mit dem Quilten begann sie in den frühen achtziger Jahren und entschloß sich schließlich, Patchwork und Quilten zu unterrichten. Als Mitglied der britischen Quilter-Gilde übte sie das Amt der Vizepräsidentin aus und machte sich speziell im Bereich Fortbildung verdient. Außerdem wirkte sie mit bei der Ausarbeitung eines großangelegten Patchworkkurses, schrieb eigene Patchworkbücher und beteiligte sich an anderen Büchern zu diesem Thema. In ihrem Laden für Patchwork- und Quilterbedarf, „Piecemakers", bietet sie Besonderes für den Quilter sowie eine breite Palette von Seminaren an.

## DANKSAGUNG

Ein Quilter profitiert sehr häufig von der Pionierarbeit anderer. Daher möchten wir hier all denen danken, die uns freundlicherweise gestattet haben, ihre neuen Ideen und Techniken zu verwenden.

**Barbara Johannah**, die auf der grundlegenden Erfindung ihres amerikanischen Landsmanns Ernest C. Haight aufbaute, um Dreiecke aus halben und geviertelten Quadraten auf einen Raster zu nähen. Die gleiche Methode hat unabhängig davon (und später) Tina Ealovega in England entwickelt und veröffentlicht. Wir haben sie hier „Rastermethode für schnelle Dreiecke" genannt.

**Darra Duffy Williamson** erfand die sehr nützliche Technik, Quadrate diagonal zu Dreiecken abzusteppen, und schrieb darüber einen Artikel in „Patchwork and Quilting" (Nr. 30). Die Herausgeber haben uns freundlicherweise gestattet, diese Technik, hier „Eckquadrat-Dreiecke" genannt, zu verwenden und zu erläutern.

**Georgia Bonesteel** tauschte die Veröffentlichungsrechte für ihre Billing-Bonus-Methode, Nahtkreuzungen zu glätten, gegen Pauline Adams' Technik, Flying Geese zu nähen.

Wir danken ferner der **G and G Quilt Company** dafür, daß sie uns die für die „Rustikalen Quilts" nötige Vlieseinlage zur Verfügung gestellt hat.

## NÜTZLICHE ADRESSEN

Aktuelle Informationen über Bezugsquellen, Kurse, Ausstellungen, Wettbewerbe etc. erhalten Sie bei folgenden Institutionen:

**In Deutschland:**
Patchwork Gilde
Deutschland e.V.
Oktaviostr. 16 a
D-22043 Hamburg
Tel.: (040) 6570452
Fax: (040) 6570340

Mitgliederzeitschrift: 4x jährlich

**In der Schweiz:**
PatCHquilt
Vereinigung Schweizer Quilter
Postfach 55
CH-8024 Zürich

Mitgliederzeitschrift: 4x jährlich

**In Österreich:**
Patchwork- und Quiltjournal
Redaktion
Moßbachergasse 4/4/16
A-1140 Wien

Erscheint 6x jährlich